Für meine geliebte Dschungeloma

Paprika
Kokos
Chili
Curry

SALIYA KAHAWATTE

HEALTHY FOOD TO GO

AYURVEDA

Salis Aroma-Küche

blv

INHALT

SOUPS

VEGGIE SNACKS & SALADS

MEAT & MORE

VEGGIE MAINS

DRINKS & SWEETS

It's me!

Ein entspannter Spaziergang entlang der Elbe gehört zum Besten, was ich mir nach einem langen Arbeitstag gönnen kann. Deutlich höre ich die Containerschiffe vorbeifahren, ich spüre die leichte Brise in meinem Gesicht und rieche die rauchige Note eines Ozeanriesen in der Luft, der langsam elbabwärts tuckert. Unter meinen Turnschuhen ändert sich spürbar der Untergrund von festem Asphalt hin zu rutschigem Splitt, ein klarer Hinweis, dass ich umdrehen sollte.

Nach einiger Zeit erreiche ich meine gemütliche Wohnung in Altona, um mir mein Abendessen zuzubereiten, denn ich habe einen Mega-Hunger! Altona ist richtig cool und deshalb genau »mein« Stadtteil. In keinem Teil Hamburgs kenne ich mich besser aus, in keiner Ecke der Elbmetropole fühle ich mich so wohl wie hier. Deshalb beschloss ich 2009, meinen Arbeitsplatz und meinen Wohnort hierher zu verlegen. Ich arbeite gern und recht viel. Im Rahmen meiner Tätigkeit als Business Coach begleite ich Menschen, die sich persönlich und beruflich weiterentwickeln wollen. Außerdem bin ich als Unternehmensberater und Key Note Speaker im gesamten deutschsprachigen Raum tätig und daher ständig unterwegs. Mein Lebensmittelpunkt ist und bleibt dabei aber natürlich good old Altona! Hier ist das Leben so bunt, alternativ und multikulturell, wie ich selbst es bin. Nirgendwo in Hamburg gibt es so viele Menschen aus den unterschiedlichsten Ländern und daher auch Restaurants und Lebensmittelläden aus allen Winkeln der Welt.

»Gutes, frisches, selbst gekochtes Essen bringt mich auch zurück in eines meiner früheren Leben.«

Essen, Kochen und Genießen sind mir sehr wichtig, denn sie gehören zu meiner Art der Erholung von einem Joballtag, der sich überwiegend am Handy, im Flieger, in Meetings und in Tagungshotels abspielt. Gutes, frisches, selbst gekochtes Essen bringt mich auch zurück in eines meiner früheren Leben.

In diesem Leben war ich auf Sri Lanka. Obwohl ich in Deutschland geboren wurde, besuchte ich als Kind mit meinen Eltern und meiner Schwester sehr oft die Heimat meines Vaters, das Hochland von Sri Lanka. Hier verbrachten wir viel Zeit mit meiner Großmutter, meiner »Dschungeloma«. Sie war eine bemerkenswerte Frau, die ich geliebt und bewundert habe. Ohne pädagogische Ausbildung hat sie mich das jahrhundertealte, von Generation zu Generation übermittelte Ayurveda-Wissen gelehrt. Zunächst nahm ich zwar alles auf, nutzte es jedoch nicht, bis es – wieder in einem anderen Leben – mein Lebensretter wurde.

»So fremd mir der Dschungel anfangs war: Meine Oma machte mich mit ihm vertraut.«

Das Leben im Dschungel war ganz anders als das Leben in Deutschland. So wurde der Aufenthalt auf Sri Lanka immer zum Highlight des Jahres für mich, und das nicht nur, weil Sommerferien waren. Ich genoss das Zusammensein der Großfamilie, aber mehr noch den Dschungel. Ich spielte mit den Kindern des Dorfes, lauschte den bunten Vögeln und anderen Tieren und schaute mir die vielen tropischen Pflanzen an, die überall üppig und farbenprächtig wuchsen. Diese Eindrücke trage ich immer noch in mir und die Atmosphäre des Dschungels kann ich immer wieder vor mein geistiges Auge rufen. Es sind genau diese Erinnerungen, diese Schätze, die ich bis zum Ende meines Lebens bewahren werde. So fremd mir der Dschungel anfangs war: Meine Oma machte mich mit ihm vertraut. Sie merkte schnell, dass ich ein aufgeweckter Junge war, und erklärte mir, welche Pflanzen essbar, welche ungenießbar oder sogar giftig sind. Meine Oma verbrachte den ganzen Tag damit, Essen für die drei Hauptmahlzeiten zu besorgen und anschließend zuzubereiten.

So war es keine Seltenheit, dass ich den ganzen Tag mit meiner Großmutter in der Küche mit den zwei großen offenen Feuerstellen zubrachte. In der Regel gab es zu jeder Hauptmahlzeit Reis. Entweder als volles Korn oder in Form von Fladen oder Nudeln aus frisch gemahlenem Reismehl. Dazu servierte sie verschiedene Currys aus Gemüse und Hülsenfrüchten sowie frisches Obst als Nachtisch. Eiweiß tierischen Ursprungs gab es kaum. Zum einen war Fleisch oder Fisch im Hochland schlecht verfügbar, zum anderen mangelte es aufgrund fehlender Elektrizität auch an den entsprechenden Kühlmöglichkeiten. So ist es nicht verwunderlich, dass die Küche meiner Großmutter notgedrungen vegan und – unter heutigen Gesichtspunkten betrachtet – ziemlich trendy war. Als Fleischersatz nutzte sie schon damals Sojaprodukte.

Sie zeigte mir das Braten, Kochen und Dämpfen von Speisen, lehrte mich, welche Gewürze zu welcher Beilage passten und was ihre ayurvedische Bedeutung dabei war. Ich erinnere mich noch sehr gut, wie aromatisch es in ihrer Küche roch, wenn sie den brodelnden Gerichten in den Tontöpfen frische Gewürze zugab – einfach köstlich! Meine geliebten Reisnudeln stellte meine Großmutter aus Reismehl und Wasser her. Das Dämpfen überließ sie mir. Dazu passende Currys und Sambals kochte ich dann selbst, natürlich stets unter den wachen braunen Augen meiner Dschungeloma. Die Gerichte für uns Kinder waren immer etwas milder, weil sie mehr Kokosmilch und weniger Chilis enthielten. Erst mit zunehmendem Alter konnte ich schärfer essen.

»So ist es nicht verwunderlich, dass die Küche meiner Großmutter notgedrungen vegan und – unter heutigen Gesichtspunkten betrachtet – ziemlich trendy war.«

Aber auch bei der Auswahl der Zutaten für die Speisen ging der Unterricht meiner Oma weiter. Täglich durchstreiften wir den dichten Hochlandurwald, der direkt hinter dem Haus begann, um Gemüse, Obst, Blätter, Knollen und Wurzeln für die Hauptmahlzeiten der Großfamilie zu besorgen. Ich begleitete meine Großmutter, wenn sie Reis säte und erntete; ich half ihr, Gewürze zu pflücken und im Hof zu trocknen. Voller Stolz zerrte ich immer den Sack nach Hause, in dem sie die Früchte, die sie im Wald gefunden hatte, sammelte. Auf all diesen Streifzügen erklärte sie mir ganz nebenbei, was nach der Ayurveda-Lehre welche Bedeutung hat und welche Wirkungen einem bestimmten Gewürz oder einer Gemüseart zugeschrieben werden. Nachdem wir nach

dem Abendessen das Geschirr und die Töpfe am Brunnen gereinigt und zurück in die Küche gebracht hatten, war der Tag zu Ende. Gemeinsam zogen wir vorbei an dösenden Wasserbüffeln hin zum winzigen Buddha-Tempel, der zwischen mehreren kleinen palmenbewachsenen Hügeln hinter den Reisfeldern lag. Hier unterwies sie mich in den Lehren Buddhas, den Ritualen des stillen Gebets und der Meditation. Sie lehrte mich tiefe Dankbarkeit für einen wundervollen Tag mit all den Speisen, die wir hatten genießen dürfen. Es war der krönende Abschluss eines jeden Tags. Auf unserem Rückweg schwiegen wir meistens. Müde, aber glücklich ging ich danach ins Bett. Morgens weckte mich meine Großmutter noch vor Sonnenaufgang. Wir tranken zunächst eine Tasse Ceylon-Tee und begrüßten dann die Sonne, die sich langsam über den Reisfeldern hell schimmernd erhob, indem meine Oma eine buddhistische Formel sprach. Danach machten wir uns an die Arbeit, das Frühstück vorzubereiten. Und so ging das jeden Tag …

Ein Teil meiner Seele wohnt noch in Sri Lanka bei meiner Dschungeloma. Ohne sie wüsste ich nichts über die jahrhundertealten Traditionen des Ayurveda.

Aber noch eine andere Welt lernte ich in diesen Ferien in Sri Lanka kennen, die mir zunächst viel näher sein sollte als die des Dschungels und der ursprünglichen Ernährung. Dies war die Welt der Luxushotels in der Hauptstadt Colombo. Ich mochte die ruhige und zugleich prunkvolle Atmosphäre in den Hotels, die noch von den britischen Kolonialherren errichtet worden waren. Besonders faszinierten mich die sehr aufmerksamen Kellner, die uns Gäste, ohne aufdringlich zu sein, scheinbar mühelos umsorgten. Der Kontrast zum authentischen und naturverbundenen Leben meiner Oma stach mir natürlich schon als Kind ins Auge. Dass Hotels in meinem Leben allerdings noch eine sehr große Rolle spielen sollten, ahnte ich damals aber noch nicht.

Wenn ein Kind zum Jugendlichen wird, beginnt wohl für jeden Menschen ein neues Leben. Bei mir war es aber nicht nur die Pubertät, die ein neues Leben einläutete. Bei mir war der Wandel viel extremer. In kürzester Zeit begann sich meine Sehkraft dramatisch zu verschlechtern. Die dramatischen Folgen waren meinen Eltern nicht sofort klar, dann aber wurde es mir und meiner ganzen Familie umso deutlicher. Das Leben, das ich kannte, war zu Ende. Ein neues musste beginnen.

Es dauerte einige Zeit, bis die Ärzte endlich herausgefunden hatten, was mit mir los war. Ich litt an einer irreparablen Netzhautablösung, die mich langsam erblinden ließ. Diese Diagnose war natürlich eine Katastrophe für uns. Fast schlimmer aber als diese Diagnose war der Rat meiner Umgebung: Geh doch in eine Blindenschule. Als wäre die Aussicht, kein normales Teenagerleben mit Freunden, Sport, Skaten und Mädchen mehr zu führen, nicht schon schlimm genug. Nein, das wollte ich auf keinen Fall! Mein Ziel war es, unbedingt die mittlere Reife zu schaffen. Nur sehr, sehr wenige Leute glaubten noch an mich und boten mir ihre Unterstützung an. Am Ende blieben mir nur meine Mutter und meine Schwester. Sie lasen mir nachmittags so lange aus den Schulbüchern vor, bis ich den Stoff beherrschte. Meine Handschrift wandelte sich von schlecht über katastrophal bis hin zu moderner Kunst und die Lehrer drückten in den Klassenarbeiten ein Auge zu – oder rissen sie vielmehr auf. Aber Schönheit war nicht so wichtig. Was aber wichtig war: Ich schaffte meinen Abschluss mit der mittleren Reife!

»Das Leben, das ich kannte, war zu Ende. Ein neues musste beginnen.«

Nachdem mir nun von Amts wegen bescheinigt worden war, ein cleverer junger Mann zu sein, obwohl ich fast blind war, wollte ich erst recht nicht in einer Behindertenwerkstatt landen, ich wollte mehr – das Abitur. Auch hier wieder dasselbe Spiel: Ich lernte nur über mein Gehör. Und ich schaffte so auch das Abitur.

So viel hatte ich dann aber doch begriffen, nämlich dass sich niemand um einen fast blinden Abiturienten reißen würde. Für meine weitere Ausbildung würde ich initiativ werden und neue Wege gehen müssen. Ich erinnerte mich an die Sommerferien in den wunderbaren Hotels auf Sri Lanka. Hotelfach – ja das wär's. Das wollte ich auch. Aber fast blind hätte ich keine Chance, das wusste ich. Also beschritt ich einen gewagten, aber für mich unausweichlichen Weg: Ich verschwieg meine Sehbehinderung. Bei der schriftlichen Bewerbung und natürlich auch im Vorstellungsgespräch. Am Ende gelang mir das Unmögliche, ich wurde eingestellt. Das war der Beginn eines jahrelangen Versteckspiels, das mich am Ende fast mein Leben gekostet hätte – was ich damals aber natürlich noch nicht ahnte.

Immer wieder fragen mich Menschen, die meine Geschichte hören oder lesen, wie ich es geschafft habe, nicht aufzufliegen. Ich sage dann immer das Gleiche. Mithilfe einiger weniger Vertrauter und mit Arbeit, Arbeit und nochmals Arbeit. Ich wollte diese Ausbildung und ich habe alles dafür getan, sie zu absolvieren. Morgens ging ich Stunden vor Schichtbeginn ins Hotel, um meine Arbeitsgeräte so zu ordnen, dass ich sie blind greifen konnte. Ich zählte die Schritte der einzelnen Wege, der Treppen, ich lernte die Position der Lichtschalter und Steckdosen. Und an meinen freien Tagen übte ich Einschenken. Um wie viel leichter wird eine Flasche, wenn ich 100 ml eingieße? Und um wie viel bei 200 ml? Wie klingt ein sauberes Glas und wie ein fleckiges? Ich kam damit durch und machte Karriere in der Hotellerie. Ich lernte als Weinkellner Weinkarten mit Hunderten von Weinen auswendig, hatte die Veranstaltungsorganisation unter mir, war Ausbilder und schrieb Dienstpläne. Alles fast blind. Ich lebte in einer ständigen Anspannung, die nach Entspannung schrie. Die suchte ich unglücklicherweise immer häufiger in Alkohol und in Medikamenten. Aufputscher zum Aufstehen, Downer zum Schlafengehen, runtergespült mit Wodka.

In meiner damaligen Ernährung dominierten Fast Food, zerkochtes Kantinenessen und Fertiggerichte aus der Tiefkühltruhe meinen Speiseplan. Für gesunde, ausgewogene Ernährung meinte ich mir damals keine Zeit mehr nehmen zu müssen. Das Ayurveda-Wissen meiner Großmutter blendete ich dummerweise aus, was mich teuer zu stehen kommen sollte. Ich verwandelte mich in eine Kerze, die an beiden Seiten brannte – ein großer Fehler! Das Wachs meines Lebens ging langsam aber stetig zur Neige.

Irgendwann konnte und wollte ich nicht mehr! Ich versuchte, dem Ganzen ein Ende zu setzen. Aber es sollte – trotz mehrerer Versuche – glücklicherweise nicht klappen.

Als ich in der Psychiatrie wieder zu mir kam, wurden mir schnell einige Dinge klar: Ich konnte nicht sterben, denn ich wollte weiterleben. In einem neuen Leben. Wieder einmal. Aber so, wie ich in den letzten Jahren gelebt hatte, würde das nicht funktionieren. Ich würde mein Leben radikal ändern müssen. Sport und gesunde Ernährung. Und am allerwichtigsten: Ich durfte nicht mehr den Sehenden spielen. Dieses Lügen, das jahrelange Täuschen, all das hatte mich unglaublich viel Energie gekostet und mich letztlich krank an Körper und Seele gemacht. Ab jetzt würde ich zu mir stehen – mit allen meinen Stärken und Schwächen! »Back to the roots« war mein neues Motto.

Nach meinem Zusammenbruch lernte ich auch wieder, auf meine innere Stimme zu hören. Im Zwiegespräch mit mir selbst entdeckte ich das ganz neu, was mich meine Großmutter damals gelehrt hatte. Ich begann, wieder zu meditieren und Atemübungen zu machen. Außerdem stellte ich all meine bisherigen Erfahrungen auf den Prüfstand: Was würde mir nützen für mein neues Leben und was sollte ich aussortieren und vergessen? Mit dieser »inneren Klarheit« kam auch die »äußerliche Klarheit«. Natürlich durch die Abstinenz, aber auch dadurch, dass ich begann zu kochen. Noch während meiner Therapie stellte ich meine Ernährung um. Ich aß nur selten die Gemeinschaftsverpflegung, sondern kochte lieber in der Patientenküche für mich selbst. Schon bald erinnerte ich mich an die Rezepte meiner Dschungeloma. Selbstverständlich kam mir auch meine fundierte Ausbildung in der Hotellerie dabei zugute, mir selbst gesunde und köstliche Gerichte zu kreieren, obwohl ich eigentlich fast nichts mehr sah.

Frische Kräuter und Gemüse: Sie sind die Grundlage für leckeres und vor allem super aromatisches Essen. Ohne sie geht gar nichts.

Zeitsprung: viele Jahre später. Ich sitze in meinem modernen, aber gemütlichen Büro in Hamburg-Altona. In diesem renovierten und umgebauten 150 Jahre alten Fabrikgebäude fühle ich mich wohl. Von hier aus leite ich das Unternehmen, das ich mir 2006 nach meinem Managementstudium aufgebaut habe. Hier treffe ich mich mit Mitarbeitern und Kunden und plane meine nächsten Projekte.

> Meine Gerichte habe ich daher so entwickelt, dass alle drei Elemente in sie einfließen: Ayurveda, Gastronomie und die Anforderungen des Lebens im 21. Jahrhundert.

Gesund zu leben ist für mich weiterhin topaktuell und gesundes Essen gehört unbedingt dazu. Das brauche ich, um zu regenerieren und trotz meiner beschädigten Gesundheit kreativ und konzentriert zu bleiben. Ich koche in meiner Küche buchstäblich blind. Alles ist so angeordnet, dass ich es auf Anhieb finde und alles geht nach Gebrauch an genau denselben Platz zurück. Das schärfe ich auch immer meinen Gästen ein, wenn ich sie bekoche. Wenn sie etwas umstellen würden, wäre ich ganz schön aufgeschmissen. Andererseits wäre es vielleicht eine gute Idee, sie mal gewähren zu lassen. Vielleicht kämen ja kreativ gewürzte, neue Gerichte für euch dabei heraus?

Meine heutigen Küchengewohnheiten sind im Grunde genommen eine Liaison aus drei Strömungen. Die Basis bildet zweifellos die überwiegend vegane Ayurveda-Küche meiner Oma. Die zweite Komponente meiner Art zu kochen beruht auf den Fine-Dining-Erfahrungswerten, die ich aus meiner langen Zeit in der Hotellerie mitgenommen habe. Diese Kenntnisse und Fertigkeiten sind ein Repertoire, über das ich sicher verfüge. Zudem kann ich ohne hinzusehen schneiden, kochen und würzen (was bleibt mir auch anderes übrig?). Die letzte Strömung bildet natürlich mein Wunsch, täglich gesund und lecker zu essen, obwohl ich wenig Zeit habe. Alle Produkte für meine Gerichte sind demnach überall zu beschaffen, die Herstellung ist einfach und alles muss schnell gehen. Mit den Gerichten, die ich aus diesen Elementen aus drei meiner vielen Leben entwickelt habe, mache ich euch hier vertraut.

Kaum jemand, der Kochen nicht als Beruf betreibt, hat so viel Zeit zu kochen, wie er oder sie sich das vielleicht wünschen würde und wie es viele der gängigen Kochbücher annehmen. Auch ich nicht – und ich liebe es, zu kochen, mir dafür Zeit zu nehmen und mich dabei etwas zu entspannen. Meine Gerichte habe ich daher so entwickelt, dass alle drei Elemente in sie einfließen: Ayurveda, Gastronomie und die Anforderungen, die das Leben im 21. Jahrhundert mit seiner Hektik an die meisten von uns stellt.

Nach meinem Bürotag schlendere ich langsam nach Hause und schaue noch auf einen Schwatz beim Gemüsehändler meines Vertrauens vorbei. Er ist mittlerweile schon fast mein Freund geworden. Mein jahrelanges Täuschen hat auch er nicht bemerkt, aber mir mittlerweile verziehen. Bei ihm bekomme ich günstig alles, was ich an frischem Obst und Gemüse für meine Küche brauche. Was ich bei ihm nicht finde, kaufe ich im Asia-Laden, vor allem die ausgefallenen asiatischen Gewürze und spezielle Gemüsesorten, die ich so liebe. In Altona liegen solche Läden nur ein paar Schritte auseinander. Auch deshalb fühle ich mich in diesem Stadtteil so wohl. Wenn ich so darüber nachdenke, merke ich, dass Altona inzwischen das ist, was der Dschungel meiner Oma in meiner Kindheit war: der Ort, an dem ich mich auf dieser Welt am wohlsten fühle und an dem ich so viel Zeit wie möglich verbringen möchte.

Zu Hause angekommen, bereite ich mir dann eines meiner selbst entwickelten Gerichte zu, mit denen es mir gut geht. Alle Rezepte, die ich euch hier vorstelle, sind in den letzten Jahren nach und nach entstanden. Zu gern teile ich meine Küchenpraxis in diesem Kochbuch mit euch. Ich hoffe, sie wird ein klein wenig dazu beitragen, dass es euch in eurem Alltag in Studium, Job und Familienleben im stressigen 21. Jahrhundert genauso gut geht wie mir in meinem Altonaer »Großstadt-Dschungel«.

Guten Appetit, Happy Day & rock on!
Herzlich Euer Saliya

SOUPS

Es gibt Tage, da geht ohne eine tasty Soup einfach nix! Alle nachfolgenden Suppen schmecken lecker mit frischem Naan-Bread oder Baguette direkt aus dem Ofen.

ORANGEN-KAROTTEN-CREME

MIT INGWER

Das passiert, wenn die Frucht von Orange und die Erdigkeit der Karotte mal richtig cool aufeinandertreffen. Ingwer und Curry erledigen dann den asiatischen Rest.

FÜR 2 PERSONEN

FÜR DIE SUPPE

- 500 ml Gemüsebrühe
- 6–8 Karotten, geschält und fein gewürfelt
- 1 Bio-Orange, geschält
- 5 g Ingwer, fein gehackt

ZUM WÜRZEN

- 100 ml Vollmilch (alternativ Kokosmilch)
- 100 ml Karottenfond (s. o.)
- 1 TL dunkle Sojasauce
- 1 EL natives Olivenöl, kalt gepresst
- 1–3 Tropfen Tabasco
- 1 Prise Fünf-Gewürz-Mix (siehe Seite 140)
- 1 Prise Currypulver
- ½ TL brauner Zucker

DEKO

- Chiliflocken
- Meersalz
- grob gemahlener schwarzer Pfeffer
- Shisokresse

ZUBEREITUNG

Eins Die Gemüsebrühe in einem Topf aufkochen. Dann die Karottenwürfel dazugeben und das Gemüse 10–12 Minuten gar kochen. In der Zwischenzeit die Orange filetieren.

Zwei Die gegarten Karottenwürfel aus der Flüssigkeit nehmen und 100 ml des Kochfonds zu Seite stellen. Die Karottenwürfel mit Orangenfilets und Ingwer in einem geeigneten Gefäß mithilfe eines Mixstabes pürieren. Zum Abschluss alle Zutaten zum Würzen zugeben und alles unter Rühren nochmals kurz in einem Topf erhitzen.

Drei Die Suppe in vorgewärmte Suppenteller füllen und mit Chiliflocken, Salz, Pfeffer und Shisokresse garnieren.

LIEBLINGSSPEISE DER ELEFANTEN – ORANGEN

Als Orangen bezeichnet man die Früchte des immergrünen Orangenbaumes, der zur Gattung der Zitruspflanzen gehört und ursprünglich aus Südostasien kommt. Der Name der Orange stammt aus dem altindischen Sanskritbegriff »naranga« und bedeutet »von Elefanten bevorzugt«. Nach der Entdeckung Indiens durch Vasco da Gama gelangte der Orangenbaum im Jahr 1498 nach Europa und verbreitete sich dort schnell.
Zur Herstellung von frisch gepresstem Orangensaft schneide ich die Orangen in der Mitte durch, presse sie aus und werfe die Schalen weg. Ich achte sehr darauf, dass ich mit meinen Fingern nicht an das Fruchtfleisch gerate. Die Schalen von gewöhnlichen Orangen sind mit künstlichen Wachsen behandelt, die beim Schälen an die Finger, von hier auf die Orange und schließlich in den Körper gelangen. Von daher verwende ich ausschließlich Bio-Orangen, wenn ich die Früchte nicht pressen, sondern anderweitig verwenden möchte und sie deshalb intensiver mit meinen Fingern bearbeite. Das Gleiche gilt für Limetten.

KARTOFFEL-ZWIEBEL-SUPPE

MIT CURRY

Eine cremig-sahnige Liaison von Kartoffeln und Zwiebeln. Natürlich mit Curry – strictly asian!

FÜR 2 PERSONEN

FÜR DIE SUPPE

- 1 Zwiebel, geschält und gewürfelt
- 2 EL Sesamöl
- 250 g mehligkochende Kartoffeln, geschält und gewürfelt
- 500 ml Gemüsebrühe
- ½ Bund Petersilie
- 75 g Sahne (alternativ: Sojasahne)

ZUM WÜRZEN

- 1 TL Currypulver
- 1 Prise Muskatnuss
- 1 Prise Meersalz
- frisch gemahlener Pfeffer

ZUBEREITUNG

Eins Zuerst die Zwiebel mit Sesamöl in einem Topf garen, bis sie glasig ist. Die Kartoffelwürfel dazugeben und mit der Gemüsebrühe aufgießen. Das Ganze 25–30 Minuten bei mittlerer Hitze köcheln lassen, bis die Kartoffelstücke gar sind. Dann den Topf mit Kartoffeln und Brühe zur Seite stellen und etwas abkühlen lassen.

Zwei In der Zwischenzeit die Petersilie waschen, hacken und einige Blätter für die Deko zur Seite legen. Die gehackte Petersilie in den Topf mit den Kartoffeln geben und das Ganze mithilfe eines Mixstabes pürieren. Dann die Sahne unterrühren und mit den Zutaten zum Würzen abschmecken und bei Bedarf nochmals kurz erhitzen. Die Suppe in vorgewärmte tiefe Teller geben und mit Petersilienblättern sowie etwas zusätzlichen Gewürzen nach Wunsch garnieren.

GOLD DES 16. JAHRHUNDERTS – MUSKAT

Muskatnüsse wachsen an Muskatnussbäumen, die ursprünglich nur auf den heute zu Indonesien gehörenden Banda-Inseln vorkamen. Im 16. Jahrhundert galten Muskatnüsse als einzig wirksames Mittel gegen die Pest, was dazu führte, dass es zur Austragung mehrerer Seekriege zwischen den Briten und den Niederländern kam und die kleinen Nüsse wie Gold gehandelt wurden. Nachdem der Muskatnussbaum kurz darauf in vielen anderen tropischen Ländern kultiviert wurde, entschärfte sich die Nachfrage erheblich und der Boom endete.

Ich musste als Kind immer in die Spitzen der Muskatbäume klettern, da mich die dünnen Äste aufgrund meines Körpergewichtes noch trugen. Die Muskatäpfel ließ ich auf den Dschungelboden fallen, wo meine Oma sie dann aufsammelte. Meine Großmutter setzte Muskat zur Würzung von verschiedenen Kartoffel- und Gemüsegerichten ein und stellte aus dem Pulver der Muskatnuss Salben her, mit der sie Hautreizungen behandelte.

ASIATISCHE TOMATENSUPPE

MIT GEBRATENEN TOFUWÜRFELN

So, hier kommt mein letztes Wort in Sachen Tomatensuppe. Natürlich à la Saliya und asiatisch inspiriert!

FÜR 2 PERSONEN

FÜR DIE SUPPE

- 1 Zwiebel, geschält und gewürfelt
- 5–10 g Ingwer, fein gewürfelt
- 1 EL Sesamöl
- 4–8 geschälte Tomaten (frisch oder aus der Dose)

ZUM WÜRZEN

- 1–2 TL dunkle Sojasauce
- Saft von 1 Limette
- 1 Knoblauchzehe, geschält und fein gehackt
- 1 EL natives Olivenöl
- 40–80 ml Soja- oder Kokosmilch
- ½ TL Currypulver
- 1–2 TL Kokospulver
- 1 Prise Zucker
- 1 Prise Fünf-Gewürz-Mix (siehe Seite 140)
- 1 Prise Kaffirlimettenblattpulver
- 1 Prise Chilipulver

FÜR DEN TOFU

- 1 EL Sesamöl
- 100–200 g Tofu, gewürfelt

ZUM WÜRZEN DES TOFU

- 1 TL geröstetes Sesamöl
- 2–3 Tropfen dunkle Sojasauce
- ¼ TL Kardamom, gemahlen

DEKO

Olivenöl, Basilikumblätter

ZUBEREITUNG

Eins Für die Suppe Zwiebel- und Ingwerwürfel in einem Topf mit Sesamöl bei großer Hitze anschwitzen, bis die Zwiebeln glasig sind. Dann die Tomaten zugeben und kurz erwärmen. Den Topf vom Herd nehmen, die Zutaten zum Würzen zufügen und alles mithilfe eines Mixstabes gut pürieren.

Zwei Für den Tofu das Sesamöl in einer Pfanne erhitzen und die Tofuwürfel etwa 5 Minuten unter Rühren anbraten, dann die Zutaten zum Würzen zugeben, nochmals gut mischen und vom Herd nehmen.

Drei Zum Servieren die Tomatensuppe nochmals kurz erhitzen und in vorgewärmten Suppentellern anrichten. Zum Schluss Tofuwürfel, einige Tropfen Olivenöl und ein paar Basilikumblätter auf die Suppe geben und sofort servieren.

KÄSE AUS SOJA – TOFU

In Asien ist Tofu seit Jahrhunderten ein sehr beliebtes Grundnahrungsmittel. Die Herstellung von Tofu erinnert sehr an die Produktion von Käse aus Milch. Bei der Gerinnung von Sojamilch entsteht ein Sojabohnenquark, der anschließend in Blöcke gepresst wird.
In meiner Küche sind Sojaprodukte die passende Alternative zu Fleisch, Milch und Milchprodukten. Ich kenne Soja schon seit meiner Kindheit und kann mich daran erinnern, dass mir meine Großmutter mehrfach Soja als Fleisch verkauft hatte, ohne dass ich es merkte. Es kommt einfach auf die richtige Würzung an!

CREME VON NASHI-BIRNEN

UND SELLERIE MIT SAKE UND DILL

Wenn sich Nashi-Birnen und Sellerie in einer Suppe vermählen, wird's spannend! Sake setzt hier einen japanischen Akzent – einfach köstlich!

FÜR 2 PERSONEN

FÜR DIE SUPPE

- 30 g Butter oder Rapsöl
- 1 Zwiebel, geschält und gewürfelt
- 250 g Knollensellerie, geschält und gewürfelt
- ¼ TL Zucker
- 200 ml Sake (alternativ: trockener Sherry)
- 250 g Nashi-Birnen, gewaschen und gewürfelt
- 300 ml Gemüsebrühe

ZUM WÜRZEN

- 200 g Sahne (alternativ: Sojasahne)
- 1 Prise Meersalz
- 1 Prise frisch gemahlener Pfeffer
- 1 Prise Muskatnuss

DEKO

- Dill
- Olivenöl
- Chiliflocken
- schwarzer Pfeffer
- Meersalz

ZUBEREITUNG

Eins Zuerst den Dill waschen und für die Dekoration beiseitelegen. Dann Butter oder Öl in einen Topf geben und Zwiebel sowie Sellerie scharf darin anbraten. Den Zucker zugeben, karamellisieren lassen und mit Sake ablöschen. Anschließend die Birnenwürfel zugeben, mit Gemüsebrühe aufgießen und 35–40 Minuten bei mittlerer Hitze köcheln lassen, bis alles gar ist.

Zwei Den Topf vom Herd nehmen, den Inhalt mithilfe eines Mixstabes pürieren und mit Sahne, Salz, Pfeffer und Muskat abschmecken. Die Suppe in vorgewärmte tiefe Teller füllen und mit einigen Tropfen Olivenöl, Chiliflocken, Pfeffer, Salz und dem Dill dekorieren.

EINE SPEISEPFLANZE ALS GRABBEIGABE – KNOLLENSELLERIE

Der Knollensellerie gehört zur Gattung der Doldenblütler und ist in seiner Urform in Sumpfgebieten in Meeresnähe heimisch. Schon die alten Ägypter kannten die runzligen Knollen und nutzten die Blüten und Blätter des Wurzelgemüses als Grabbeigabe für verstorbene Pharaonen. Über die Griechen gelangte der Knollensellerie zu den Römern und später in die Klöstergärten des Mittelalters. Zunächst wurde die Pflanze als Heilpflanze gesehen und fand erst im 18. Jahrhundert ihren Weg auf die Tische der Mitteleuropäer. Ich gebe Sellerie gerne zu Wok-Gemüsegerichten, weil er so den Speisen noch einen letzten aromatischen Kick gibt.

SPINAT-LIMETTEN-CREME

MIT THAI-BASILIKUM UND SHISOKRESSE

Hier ein Highlight meiner Dschungeloma.
Extrem schnell zubereitet und einfach mega-lecker!

VEGAN

FÜR 2 PERSONEN

FÜR DIE SUPPE

- 500 g Blattspinat (TK-Ware)
- 1 EL Sesamöl
- 100 ml Gemüsebrühe
- 200 ml Kokosmilch

ZUM WÜRZEN

- 5 g Ingwer, fein gewürfelt
- 1–2 Knoblauchzehen, geschält und fein gewürfelt
- Saft von ½ Limette
- Meersalz
- frisch gemahlener Pfeffer

DEKO

- Thai-Basilikum
- Shisokresse
- Chiliflocken
- gehackter Ingwer

ZUBEREITUNG

Eins Zuerst den Blattspinat in einem Topf mit Sesamöl langsam erwärmen, bis dieser vollkommen aufgetaut ist. Dann weitere 6–8 Minuten erhitzen, währenddessen immer wieder umrühren. Mit Gemüsebrühe aufgießen und anschließend mithilfe eines Mixstabes pürieren.

Zwei Die Kokosmilch zugeben und die Suppe 6–8 Minuten leicht köcheln lassen. Zum Schluss mit Ingwer, Knoblauch, Limettensaft, Salz und Pfeffer nach Bedarf abschmecken und in vorgewärmten Suppentellern anrichten. Mit Thai-Basilikum, Shisokresse, Chiliflocken und gehacktem Ingwer garnieren.

UNSCHEINBARES STEPPENKRAUT – SPINAT

Spinat ist ein krautartiges Blattgemüse aus der Gattung der Fuchsschwanzgewächse und stammt ursprünglich aus den Steppen Südwestasiens. Die Araber brachten den Spinat aus Persien nach Spanien, von dort aus verbreitete er sich in alle europäischen Länder. Ich verwende am liebsten tiefgefrorenen Spinat, da dieser meist erntefrisch eingefroren wird und so mehr seiner Inhaltsstoffe behält. Außerdem habe ich nie Lust, den frischen Spinat zu waschen und von Sand und kleinen Steinchen zu befreien. Meine Oma wusch den Spinat vom Feld immer direkt am Brunnen und ließ das Waschwasser einfach in den Dschungel fließen. Sie machte daraus entweder Salat oder zauberte ein leckeres Curry daraus. Sie meinte, Spinat sei gesund für die inneren Organe und sollte einmal wöchentlich gegessen werden. Natürlich versuche ich mich daran zu halten und setze um, was mir meine Oma ans Herz legte.

KLARE KNOBLAUCH-INGWER-KRAFTBRÜHE

MIT KAROTTENSTREIFEN

Seid ihr echte Knoblauchfans und offen für Ingwer? Ja – dann ab an den Herd und holt euch euren Kick!

VEGAN

FÜR 2 PERSONEN

FÜR DIE SUPPE

- ½ Karotte, geschält
- 1–2 TL Sesamöl
- 50 g frischer Knoblauch, geschält und fein gehackt
- 10 g Ingwer, fein gehackt

ZUM WÜRZEN

- Abrieb und Saft von ½ Bio-Limette
- 1 TL Gemüsebrühe
- 1 Prise Meersalz
- frisch gemahlener Pfeffer
- 1 Prise Zucker

ZUBEREITUNG

Eins Zuerst die Karotte raspeln und mit dem Sesamöl in einen Topf geben. Dann Knoblauch und Ingwer zugeben und alles kurz anschwitzen, ohne das Gemüse dabei anzubräunen. Mit 400 ml Wasser ablöschen, alle Zutaten zum Würzen zugeben und das Ganze für 12–15 Minuten auf kleiner Flamme köcheln lassen.

Zwei Zum Schluss nach Belieben mit Salz, Pfeffer und Zucker abschmecken. Die Kraftbrühe in vorgewärmte, feuerfeste Gläser oder Suppenteller füllen und servieren.

HEILWURZEL – INGWER

Als Ingwer bezeichnet man die getrockneten Wurzelknollen der krautigen Ingwerpflanze, die ihre Heimat auf den pazifischen Inseln hat und heute in vielen tropischen und subtropischen Ländern kultiviert wird. Ingwer wird seit Jahrtausenden in der südostasiatischen Küche und auch in der Medizin verwendet. Die in der Ingwerwurzel enthaltenen Stoffe verleihen vielen asiatischen Gerichten ihre spezielle Note.
Meine Oma gab Ingwer gerne zu schwarzem Tee oder in verschiedene Gemüsegerichte. Hatte ich Magenschmerzen oder mir war übel, gab sie gehackten Ingwer in eine Tasse, goss mit heißem Wasser auf und bat mich, diesen Tee langsam zu trinken. Danach war immer alles wieder gut. Meine Großmutter schwor auf Ingwer und sagte, er habe magische Heilkräfte. Ich gebe Ingwer noch heute in viele meiner Gerichte und bin überzeugt, er hält mich fit und gesund.

ROTES KOKOS-SÜPPCHEN

MIT KORIANDER

Dies ist die flüssig-heiße Antwort auf »Rote Bete meets Kokos«. Der Koriander verleiht dem Ganzen den typischen Asia-Touch.

VEGAN

FÜR 2 PERSONEN

FÜR DIE SUPPE

- 1 EL Sesamöl
- 1 Zwiebel, geschält und fein gewürfelt
- 2–3 Rote-Bete-Knollen, geschält und fein gewürfelt
- 10 g Ingwer, fein gehackt
- 1 EL Kokosessig
- 1 TL brauner Rohrzucker
- 250 ml Gemüsebrühe
- 250 ml Kokosmilch

ZUM WÜRZEN

- 1 Prise Meersalz
- 1 Prise frisch gemahlener Pfeffer
- 1 Prise Zucker

DEKO

- Korianderblätter
- Sesamöl

ZUBEREITUNG

Eins Für die Suppe Sesamöl und Zwiebelwürfel in einem Topf erhitzen, bis die Zwiebeln glasig sind. Dann Rote Bete und Ingwer zugeben und nochmals 2–3 Minuten anschwitzen. Mit Essig ablöschen, dann den Rohrzucker zugeben und mit Gemüsebrühe aufgießen, bis alles bedeckt ist. Unter mehrfachem Rühren etwa 30 Minuten kochen.

Zwei Sobald das Gemüse gar ist, den Topf vom Herd nehmen und die verbliebene Flüssigkeit in ein geeignetes Gefäß gießen und zur Seite stellen. Falls es später nötig ist, diesen Gemüsefond wieder zufügen.

Drei Das Gemüse kurz abkühlen lassen und anschließend mithilfe eines Mixstabes gründlich pürieren. Dann die Kokosmilch angießen, wenn nötig, etwas Gemüsefond zugeben und kurz erhitzen. Zum Schluss mit Salz, Pfeffer und Zucker abschmecken, die Suppe in vorgewärmte Suppenteller füllen, mit einigen Tropfen Sesamöl und Korianderblättern garnieren.

NORDAFRIKAS RÜBE – ROTE BETE

Die Rote Bete gehört zur Gruppe der Fuchsschwanzgewächse, sie stammt von der Gemeinen Rübe ab und ist sehr eng mit Zuckerrübe und Mangold verwandt. Die alten Römer brachten die Rote Bete aus Nordafrika mit und verbreiteten sie in ganz Europa. Neben der Roten Rübe verwendete meine Dschungeloma auch ihre Blätter und gab diese zu Rote-Bete-Curry. Sie meinte, der Genuss der Roten Rübe würde dem Körper helfen, mehr Blut zu bilden und die Stoffe aus dem Körper zu spülen, die nicht gesund für ihn seien.

KALTE CHILI-AVOCADO-CREME

MIT KORIANDER

Wenn's draußen heiß ist, dann ist diese »coole« Suppe genau das Richtige. Aber Vorsicht – it's very spicy!

FÜR 2 PERSONEN

FÜR DIE SUPPE

- 1 Avocado
- 3–4 Korianderzweige
- 1 rote Chilischote
- 100 g Sahne (alternativ: Sojasahne)
- 150 ml Gemüsebrühe
- Saft von 1 Limette
- 1 Prise Meersalz
- 1 Prise frisch gemahlener Pfeffer

DEKO

- 1 TL Crème fraîche (alternativ: Sojasahne)
- gehackter Koriander
- Chiliflocken
- schwarzer Pfeffer

ZUBEREITUNG

Eins Die Avocado mit einem Messer bis auf den Kern einschneiden, das Messer einmal um die ganze Frucht führen und dann die beiden Hälften gegeneinander drehen. Den Kern entfernen und das Fruchtfleisch mit einem Löffel aus den Schalen lösen und zur Seite stellen.

Zwei Den Koriander waschen, trocknen und einige Blätter für die Dekoration bereithalten. Den restlichen Koriander hacken. Die Chilischote waschen, entstielen, aufschneiden, die Kerne herauslösen und die Schote würfeln. Dann Sahne, Gemüsebrühe, Koriander, Chili und Limettensaft in einem Mixer pürieren. Die Avocadostücke zugeben, nochmals mixen und mit Salz und Pfeffer abschmecken.

Drei Die Suppe bis zum Verzehr im Kühlschrank lagern und kalt genießen. Vor dem Servieren in vorgekühlten tiefen Tellern anrichten und mit etwas Crème fraîche, gehacktem Koriander, Chiliflocken, Pfeffer und den beiseitegelegten Korianderblättern garnieren.

GEWÜRZ DES ALTEN BABYLONS – KORIANDER

Der Koriander gehört zur Gruppe der Doldenblütler und kommt ursprünglich aus dem Mittelmeerraum und Vorderasien. Schon in den Küchen des alten Babylon wurde vor 7500 Jahren gern mit Koriander gekocht. Auch im alten Ägypten, im alten Rom und in Indien war der Koriander wegen seines typischen Geschmacks und seiner Heilwirkung sehr beliebt.

Meine Oma kochte vielfach mit Koriander. Sie erklärte mir, Koriander stärke das Herz und die Körperkräfte. Ich mag den besonderen Geschmack des Korianders seit meiner Kindheit und verwende ihn noch heute in vielen asiatischen Gerichten.

VEGGIE SNACKS & SALADS

Vegetarisch und vegan sind gerade voll im Trend – diese Grundsätze finden sich auch in meinen Snacks wieder. Hier und da habe ich natürlich auch den »Asia-Style« einfließen lassen. Einige Snacks sind echt praktisch zum Mitnehmen für unterwegs. Und wenn ich vor einem Hauptgericht etwas Leckeres als Starter brauche, mache ich mir einfach etwas Grünzeug. Schicke Salads teasern den Gaumen an und machen Lust auf mehr.

ASIATISCHER RUCOLA-WRAP

MIT GETROCKNETEN TOMATEN UND RÄUCHERTOFU

Asien eingerollt zum Mitnehmen! Thai-Basilikum und Zitronensaft verleihen diesem Wrap seinen ganz besonderen Charme.

FÜR 2 PERSONEN

FÜR DIE WRAPS

- 50 g Doppelrahmfrischkäse
- 2 EL rotes Pesto (Fertigprodukt)
- 2 Weizen-Tortillas (21 cm Ø)
- ½ Bund Rucola
- 100 g Räuchertofu
- 4–6 getrocknete Tomaten

DEKO

- 2 Thai-Basilikumzweige
- Saft von ½ Zitrone
- ½ TL Garam masala

ZUBEREITUNG

Eins Zuerst Frischkäse und rotes Pesto in eine Schüssel geben und verrühren. Dann die Tortillas auf der Arbeitsplatte ausbreiten und mit der Käse-Pesto-Masse bestreichen, dabei am Rand jeder Tortilla einen fingerbreiten Rand lassen.

Zwei Den Rucola waschen, zupfen und auf einem Küchenhandtuch abtrocknen. Den Tofu in feine Scheiben schneiden. Dann Rucola und Tofu auf den Tortillas verteilen. Die Basilikumblätter zupfen. Zitronensaft, Garam masala und die Basilikumblätter auf den Fladen verteilen. Zum Abschluss die Tortillas fest zu einer Rolle aufdrehen und mit einem scharfen Messer halbieren. Vor dem Servieren die unteren Enden der Wraps in eine Serviette einschlagen.

SALAT DER GERMANEN – RUCOLA

Rucola gehört zur Familie der Kreuzblütengewächse und ist in Mitteleuropa heimisch. Die Salatpflanze wurde schon von den Germanen wegen ihres unverwechselbaren Geschmacks als Rohkostbeilage geschätzt und gelangte mit den Römern in den Mittelmeerraum. Dann geriet sie in Vergessenheit und kam mit den Sterneköchen der 80er- und 90er-Jahre wieder auf die Speisekarten Europas. Heute ist Rucola ganzjährig im Supermarkt zu bekommen.

Ich mag den senfartigen, nussigen Geschmack des Rucola und genieße ihn auch gern als Beilage zu Ziegenkäse und als Salat mit Vinaigrette angemacht.

AUBERGINEN-SANDWICH

MIT BASILIKUM-DIP

Was soll ich hier noch viel beschreiben?
Einfach zubereiten, essen und genießen!

FÜR 2 PERSONEN

FÜR DIE CREME

- 1 Strauchtomate, gewürfelt
- 2 EL Magerquark
- 1 EL Mayonnaise
- 8–10 Basilikumblätter, fein gehackt
- 1 Prise Meersalz
- 1 Prise frisch gemahlener Pfeffer

FÜR DAS SANDWICH

- 2 EL Maiskeimöl
- 160 g frische Aubergine, in dünne Scheiben geschnitten
- 1 Prise Meersalz
- 1 Prise frisch gemahlener Pfeffer
- 4 Scheiben Sandwichtoast

ZUBEREITUNG

Eins Zur Herstellung der Creme alle Zutaten in eine Schüssel geben und gut vermischen. Dann eine Pfanne mit Maiskeimöl anheizen, die Auberginenscheiben hineinlegen und von beiden Seiten jeweils 2–3 Minuten scharf anbraten. Die Pfanne vom Herd nehmen und die Scheiben mit Salz und Pfeffer würzen.

Zwei Zwei Sandwichtoast-Scheiben auf der Arbeitsplatte auslegen und gleichmäßig mit der Creme bestreichen, dann die gebratenen Auberginenscheiben darauf verteilen. Abschließend die beiden restlichen Toastscheiben darüberlegen und vor dem Servieren diagonal durchschneiden.

VIOLETT UND GESUND – AUBERGINE

Die Aubergine ist die Frucht einer Gemüsepflanze aus der Familie der Nachtschattengewächse, die aus Asien stammt und hier seit über 4000 Jahren gegessen wird. Im 15. Jahrhundert kam die Aubergine mit den Seefahrern in den Mittelmeerraum. Heute wird die dunkelviolette Strauchfrucht fast auf der ganzen Welt angebaut, sogar in Deutschland. Meine Oma schnitt die Aubergine gern in Scheiben, briet diese kurz in Kokosöl und schmeckte sie scharf ab. Sie schrieb dem Gemüse eine vorbeugende Wirkung gegen Infekte aller Art zu und behauptete, sie stärkten die Knochen. Ich schmore Auberginen gern zusammen mit anderen mediterranen Gemüsesorten im Wok, schmecke sie entweder provenzalisch oder asiatisch ab und hoffe, dass ich gesund bleibe und meine Knochen noch lange halten.

WARMER KRÄUTER-AVOCADO-WRAP

MIT ZITRONE UND CHILI

Ein etwas extravaganter Wrap mit frischem Charakter und dezent scharfer Note. Get fresh!

VEGAN

FÜR 2 PERSONEN

FÜR DEN TOFU

- 100 g Räuchertofu (alternativ: fettarmer Feta)
- 1 EL Sesamöl
- 1 Prise Meersalz
- 1 Prise frisch gemahlener Pfeffer

FÜR DIE FÜLLUNG

- 2 reife Avocados (Sorte Hass)
- 2 Frühlingszwiebeln, fein gehackt
- ½ Bund glatte Petersilie, fein gehackt
- 15 g Schnittlauch, fein gehackt
- 10 Korianderblätter, fein gehackt
- Saft von ½ Zitrone
- 1 kleine rote Chilischote, mit Kernen fein gehackt
- 2–3 EL Cashewkerne, gehackt
- 2 Weizen- oder Mais-Tortillas

DEKO

- 50 g Eisbergsalat

ZUBEREITUNG

Eins Den Backofen auf 150 °C vorheizen. Dann den Räuchertofu in feine Würfel schneiden und in Sesamöl kross anbraten, mit Salz und Pfeffer abschmecken und warm stellen.

Zwei Für die Füllung die Avocados halbieren, den Kern entfernen und das Fruchtfleisch mit einem Buttermesser rautenförmig einschneiden und mit einem Esslöffel herausheben. Die Stücke in eine Schüssel geben und mit den restlichen Zutaten – bis auf die Wraps – sowie dem Räuchertofu vermengen.

Drei Die Tortilla-Fladen 1–2 Minuten im vorgeheizten Ofen erwärmen. Dann auf der Arbeitsplatte ausbreiten und die Füllung darauf verteilen. Den Eisbergsalat waschen, fein schneiden und ebenfalls daraufgeben. Zum Schluss die Wraps fest zusammenrollen und mit einem scharfen Messer halbieren. Vor dem Servieren die unteren Enden der Wraps in eine Serviette einschlagen.

KLEINE ZWIEBEL AUS CHINA – FRÜHLINGSZWIEBEL

Die Frühlingszwiebel ist eine krautige Pflanze aus der Familie der Lauchgewächse, die schon vor über 4000 Jahren in China kultiviert wurde. Über Sibirien und Russland gelangte die Frühlingszwiebel im 18. Jahrhundert nach Europa.
Besonders in tropischen Ländern werden Frühlingszwiebeln in der Küche stärker eingesetzt, da europäische Speisezwiebeln an diesen Orten nicht gedeihen.
Ich empfinde Frühlingszwiebeln geschmacklich deutlich milder als Speisezwiebeln, deshalb verwende ich sie oft zum Garnieren von Suppen und anderen Gerichten sowie als Zugabe für Salate oder Wraps. Heute verarbeite ich fast täglich gehackte Frühlingszwiebeln, weil mir meine Oma dies einst ans Herz legte.

OKRA-SÜSSKARTOFFEL-OMELETT

»MASALA STYLE«

Ein ultimatives Asia-Omelette für den etwas anderen Sonntagsbrunch.

FÜR 2 PERSONEN

FÜR DAS GEMÜSE

- 200 g Süßkartoffeln, geschält und gewürfelt
- 150 g Okraschoten
- 1 Zwiebel, geschält und gehackt
- Pflanzenöl

FÜR DAS OMELETT

- 3 Eier
- 2 EL Sesamöl
- 100 ml Kokosmilch
- 5 g Ingwer, fein gehackt
- 1 Knoblauchzehe, fein gehackt
- 1 TL Currypulver
- 1 TL geröstetes Sesamöl
- 1 TL Garam masala
- 1 Prise Chilipulver
- 1 Prise Meersalz
- 1 Prise frisch gemahlener Pfeffer

ZUBEREITUNG

Eins Zuerst einen Topf mit Wasser zum Kochen bringen und die Süßkartoffeln 10–15 Minuten kochen, bis sie gar sind. In der Zwischenzeit die Okraschoten waschen, entstielen und halbieren. Dann die Süßkartoffeln abgießen.

Zwei Für das Omelett die Eier in einer großen Schüssel verschlagen, die restlichen Zutaten zugeben und alles gut vermischen.

Drei Dann Okraschoten, Süßkartoffeln und Zwiebel in einer Pfanne im Öl anschwitzen und unter Wenden 3–4 Minuten kräftig anbraten, bis die Zwiebelwürfel glasig sind. Dann die Eimasse zugeben und garen, bis die Masse stockt. Das Omelett einmal wenden und etwa 2 Minuten von der anderen Seite anbraten. Das fertige Omelett aus der Pfanne nehmen und auf warmen Tellern anrichten.

EINE SÜSSE KNOLLE – SÜSSKARTOFFEL

Süßkartoffeln sind die Knollen einer Kartoffelart aus der Familie der Windengewächse, die schon seit Jahrtausenden von den Indios Mittelamerikas genutzt werden. Nach der Entdeckung Amerikas durch die Spanier verbreitete sich die süßlich schmeckende Kartoffelart rasant und wird heute in vielen warmen Ländern der Erde angebaut. Die meisten Süßkartoffeln werden in der Volksrepublik China produziert.

Meine Oma kochte ein sehr schmackhaftes Curry aus Süßkartoffeln. Sie behauptete, der Genuss von Süßkartoffeln sei gut für das Herz und stärke das Nervensystem. Ich ziehe die Süßkartoffel der Speisekartoffel vor, da ihre Garzeit deutlich unter der von Speisekartoffeln liegt. Wenn ich es ganz eilig habe, lege ich eine Süßkartoffel wenige Minuten in die Mikrowelle, gare sie so und genieße sie direkt danach pur – lecker!

VEGGI KEBAP

MIT ZAZIKI

Kebap fleischlos geht natürlich immer und überzeugt auf ganzer Linie!

FÜR 2 PERSONEN

FÜR DAS FRISCHE GEMÜSE

- ½ Zwiebel, geschält und fein gewürfelt
- 1 Tomate, gewürfelt
- 100 g Salatgurke, gewürfelt
- 100 g Weiß- oder Rotkohl, in feine Streifen geschnitten
- 1 TL Limettensaft
- 2 EL Olivenöl
- 1 Prise Zucker
- 1 Prise Meersalz
- 1 Prise frisch gemahlener Pfeffer

FÜR DAS GEBRATENE GEMÜSE

- ½ Aubergine
- 1 Zucchini
- ½ rote Paprikaschote
- 3 EL Maiskeimöl
- 1–2 TL Limettensaft
- 1 Prise Zucker
- 1 Prise Meersalz
- 1 Prise frisch gemahlener Pfeffer

FÜR DEN KEBAP

- 1 Türkisches Fladenbrot
- 2 Petersilienzweige
- 4 EL schwarze Oliven, entsteint
- 4 EL Zaziki (Kühlregal)
- 1 Prise Chiliflocken

ZUBEREITUNG

Eins Zuerst den Backofen auf 200 °C vorheizen. Alle Zutaten für das frische Gemüse in eine Schüssel geben und mit Limettensaft, Olivenöl, Zucker, Salz und Pfeffer nach Belieben abschmecken.

Zwei Für das gebratene Gemüse Aubergine und Zucchini waschen, abtrocknen und in dünne Scheiben schneiden. Die Paprikaschote waschen, das Gehäuse entfernen und würfeln. Dann Aubergine, Zucchini und Paprika gut miteinander verrühren. Eine Pfanne mit Maiskeimöl vorheizen und das Gemüse 3–5 Minuten scharf anbraten, bis es gut gegart ist. Zum Schluss mit Limettensaft, Zucker, Salz, Pfeffer abschmecken und warm halten.

Drei Das Fladenbrot an seinen beiden ovalen Enden eine Handbreit abschneiden, sodass sich später 2 Kebap-Taschen daraus machen lassen. Die Taschen einige Minuten im Ofen aufbacken.

Vier Die Petersilie waschen und zupfen. Die schwarzen Oliven in Scheiben schneiden. Die Brottaschen mit einem Messer einschneiden, mit der Hand formen und mithilfe eines Esslöffels abwechselnd mit Zaziki sowie gebratenem und frischem Gemüse füllen. Zum Schluss mit Petersilienblättern, schwarzen Olivenscheiben und Chiliflocken bestreuen.

ÖLPFLANZE AUS BIBLISCHER ZEIT – OLIVEN

Oliven sind die Früchte des Olivenbaums, der zur Familie der Ölbaumgewächse gehört und im Nahen Osten heimisch ist. Von den Griechen gelangte der Olivenbaum zu den Römern, die ihn sehr intensiv kultivierten. Heute werden die meisten Oliven in Spanien, Italien und Griechenland produziert.
Ich liebe den Geschmack der schwarzen Oliven sehr und kaufe sie immer frisch bei meinem türkischen Gemüsehändler um die Ecke. Zur Herstellung von Salatsaucen nutze ich meistens kaltgepresstes, natives Olivenöl, während ich zum Braten nur Sesamöl oder Maiskeimöl verwende.

GEBRATENER TOFU

MIT STRAUCHTOMATEN UND PESTO AUF CIABATTA

Ein hipper, mediterraner Express-Imbiss für Tofu-Fellows.

VEGAN

FÜR 2 PERSONEN

ZUTATEN

- 1 frisches Ciabattabrot (etwa 30 cm Länge)
- 350 g Tofu, in dünne Scheiben geschnitten
- 2–3 EL Maiskeimöl
- 1 Prise Meersalz
- frisch gemahlener Pfeffer
- 2 EL grünes Pesto
- 2 Strauchtomaten, in Scheiben geschnitten
- 16 Basilikumblätter

ZUBEREITUNG

Eins Zuerst den Backofen auf 200 °C vorheizen, das Ciabattabrot halbieren und 6–8 Minuten in den Ofen legen, bis es kross geworden ist. Währenddessen die Tofuscheiben in der Mitte durchschneiden, sodass kleine Rechtecke entstehen. Eine Pfanne mit Maiskeimöl auf den Herd stellen und erhitzen, die Tofustücke von beiden Seiten 2–3 Minuten scharf darin anbraten und mit Salz und Pfeffer nach Belieben abschmecken.

Zwei Die Ciabattabrote aus dem Ofen nehmen und in der Mitte durchschneiden. Eine der Brothälften mit Pesto bestreichen. Die gebratenen Tofuscheiben dekorativ darauf anrichten und mit Tomatenscheiben und Basilikumblättern belegen. Nochmals mit Salz und Pfeffer bestreuen und mit der zweiten Brothälfte bedecken.

INDIENS HEILIGE PFLANZE – BASILIKUM

Basilikum, auch Königskraut genannt, ist eine krautige Pflanze aus der Familie der Lippenblütler, die in ihrer Ursprungsform aus Nordwestindien stammt. In Indien wird das unscheinbare Buschgewächs seit mehr als 3000 Jahren als Gewürz- und Heilpflanze kultiviert und wegen seines breiten medizinischen Wirkungsspektrums als »heilige Pflanze« verehrt. Über die Handelswege des Mittelalters gelangte die Pflanze nach Europa und wird seither besonders im Mittelmeerraum sehr intensiv angebaut.
Das Basilikum aus Indien und Thailand verwende ich besonders gerne. Sein markanter Geschmack erinnert mich sehr an Anis und Lakritz. Meine Großmutter schätzte Basilikum wegen seiner harmonisierenden und kräftigenden Wirkung. Sie meinte, es sei gut für das Immunsystem und stärke die inneren Abwehrkräfte. In meiner Küche habe ich immer einen Blumentopf mit frischem Basilikum auf der Fensterbank.

WARMER GLASNUDELSALAT

MIT MARINIERTEM BABYSPINAT UND GERÖSTETEM SESAM

Sauerkirschsaft, Knoblauch und Ingwer ... geht das in einem Salat? Na klar doch, macht euch startklar für ein leckeres veganes Experiment!

VEGAN

FÜR 2 PERSONEN

FÜR DEN SALAT

- 150 g Babyspinat
- 175 g asiatische Glasnudeln
- 1 EL Sesamsamen

FÜR DIE MARINADE

- 1 Knoblauchzehe, fein gehackt
- 2,5 g Ingwer, fein gehackt
- 50 ml Sauerkirschsaft
- ½ EL Sesamöl
- 1 EL dunkle Sojasauce
- ½ EL Kokosessig
- ½ EL Zucker (alternativ: Agavendicksaft)

ZUBEREITUNG

Eins Einen Topf mit Wasser aufsetzen und dieses zum Kochen bringen. In der Zwischenzeit den Babyspinat gründlich waschen und abtropfen lassen. Dann den Topf vom Herd nehmen, die Glasnudeln nach Packungsanleitung im heißen Wasserbad ziehen lassen und abgießen. Den Babyspinat unter die noch warmen Glasnudeln heben.

Zwei Die Sesamsamen in einer beschichteten Pfanne bei mittlerer Hitze für 2–3 Minuten trocken rösten, dabei ständig rühren, damit die Samen nicht anbrennen. Anschließend die Pfanne vom Herd nehmen und zur Seite stellen.

Drei Für die Marinade Knoblauch und Ingwer mit dem Kirschsaft kurz in einer Pfanne aufkochen und anschließend abkühlen lassen. Dann die restlichen Zutaten unter Rühren zugeben.

Vier Die Glasnudel-Spinat-Mischung zur Marinade geben und kurz durchziehen lassen. Den Nudelsalat in vorgewärmten Tellern anrichten und vor dem Servieren mit den gerösteten Sesamsamen bestreuen.

NUDELN AUS MUNGBOHNEN – GLASNUDELN

In Südostasien wird aus dem Mehl der Mungbohne durch Zugabe von Wasser ein Teig hergestellt, der ohne Zugabe von weiteren Zutaten direkt zu Glasnudeln verarbeitet wird. Mungbohnen kommen ursprünglich aus Indien, gehören zur Familie der Hülsenfrüchte und sind mit der Gartenbohne entfernt verwandt. Diese Nudeln sind nicht zu verwechseln mit den Reisnudeln, die – wie der Name schon sagt – aus Reismehl hergestellt werden.
Ich selbst mag an Glasnudeln ihre sehr kurze Garzeit im Wasserbad. Da sie fast geschmacksneutral sind, kann ich sie mit verschiedensten Gewürzen und Beilagen kombinieren. Richtig schick finde ich Glasnudeln, wenn sie frittiert werden. Ich zaubere so wundervolle Nester, in denen ich asiatisch inspirierte Gerichte auf außergewöhnliche Art anrichten kann.

SPARGELSALAT

MIT KOKOS-SESAM-VINAIGRETTE UND THAI-BASILIKUM

Die perfekte Spargel-Variation im »Thai-Style« – mehr Thailand geht hier einfach nicht rein!

VEGAN

FÜR 2 PERSONEN

FÜR DEN SALAT

- 12–14 dünne grüne Spargelstangen, geschält (alternativ: grüner Thai-Spargel)
- 1 EL Sesamöl
- ½ TL Agavendicksaft
- 2 Prisen Meersalz
- 1 EL Kokosessig

FÜR DIE VINAIGRETTE

- 6 EL geröstetes Sesamöl
- 3 EL Kokosessig
- 1,5 TL dunkle Sojasauce
- 1–2 TL Agavendicksaft
- Meersalz
- frisch gemahlener Pfeffer

DEKO

- 10 Thai-Basilikumblätter

ZUBEREITUNG

Eins Alle Zutaten für den Salat in einen großen Topf geben. Nur so viel Wasser zugeben, dass das Gemüse gerade bedeckt ist. Den Spargel je nach Dicke der Stangen 12–18 Minuten in heißem Wasser knapp unter dem Siedepunkt langsam garen. Zwischendurch den Garzustand überprüfen, der Spargel sollte noch Biss behalten.

Zwei Während der Spargel kocht, die Zutaten für die Vinaigrette in eine Schüssel geben und mit einem Schneebesen oder Mixstab gründlich mischen. Dann nach Geschmack mit Agavendicksaft sowie Salz und Pfeffer abschmecken.

Drei Nach dem Garen den Spargel aus dem Wasser nehmen und auf vorgewärmten Tellern anrichten. Das Dressing darübergeben und zum Schluss mit den Basilikumblättern bestreuen.

NATÜRLICHES ENTSCHLACKUNGSMITTEL – SPARGEL

Als Spargel bezeichnet man die stangenartigen Wurzelsprossen der Spargelpflanze, die in Süd- und Mitteleuropa sowie Nordafrika und Vorderasien in der Nähe von Flüssen heimisch ist. Schon in China und in Ägypten war der Spargel vor mehr als 5000 Jahren bekannt und aufgrund seines feinen Geschmacks und seiner Heilwirkung sehr geschätzt. 450 v. Chr. beschreibt der griechische Arzt Hippokrates den Spargel als wirkungsvolles Entschlackungsmittel. Die Römer brachten die Pflanze schließlich über die Alpen und sorgten für die Verbreitung in Nordeuropa.
Im Ayurveda wird Spargel gern als Heilmittel bei Reinigungskuren eingesetzt. Auf Anraten meiner Großmutter bereite ich eine Fastenkur stets mit Spargelgerichten vor. Es klappt immer und die verlorenen Pfunde bleiben lange verschwunden.

BROKKOLI-PAPRIKA-SALAT

MIT GEBRATENEM TOFU UND MANDELN

Eine asiatische Aroma-Verführung ...
just wonderful!

VEGAN

FÜR 2 PERSONEN

FÜR DEN SALAT

- 200 g Brokkoliröschen
- 200 g Tofu, gewürfelt
- 1 rote Paprikaschote, entstielt und gewürfelt
- 3 EL Sesamöl

FÜR DIE MARINADE

- 1 EL Sesamsamen
- 1 TL Sesamöl (alternativ: Maiskeimöl)
- 1 Knoblauchzehe, fein gehackt
- 1 EL dunkle Sojasauce
- 2 EL geröstetes Sesamöl
- 1 TL Kokosessig
- 1 TL Agavendicksaft
- 1 TL Limettensaft
- 1 Prise Meersalz
- 1 Prise frisch gemahlener Pfeffer

DEKO

- 2–4 EL Mandelblättchen, goldbraun geröstet

ZUBEREITUNG

Eins Einen Topf mit Wasser aufsetzen und dieses zum Kochen bringen. Die Brokkoliröschen ins heiße Wasser geben und 7–9 Minuten kochen, danach in ein Sieb gießen und mit kaltem Wasser abschrecken. Unbedingt darauf achten, dass der Brokkoli seinen Biss behält!

Zwei Für die Marinade die Sesamsamen mit Sesamöl in einer kleinen Pfanne 2 Minuten unter ständigem Rühren anrösten. Danach vom Herd nehmen und zur Seite stellen. Die restlichen Zutaten gut vermischen und die gerösteten Sesamsamen dazugeben.

Drei Dann Tofu- und Paprikawürfel mit dem Sesamöl in einer Pfanne 5–7 Minuten unter Rühren anbraten. Den Brokkoli zugeben und etwa 1 Minute in der Pfanne gut durchschwenken.

Vier Gemüse- und Tofuwürfel auf vorgewärmten Vorspeisentellern anrichten, dann die Marinade über das Gericht geben und anschließend mit den gerösteten Mandelblättchen bestreuen.

ESSIG AUS KOKOSWASSER – KOKOSESSIG

Der Kokosessig wird durch Vergärung aus dem Wasser der Kokosnuss hergestellt und in den Küchen Asiens und der Karibik häufig verwendet. Kokosessig ist hell und meistens leicht trüb.
Ich liebe sein feinmildes Aroma und den sehr subtil eingebundenen Kokosgeschmack. Wer asiatisch inspirierte Dressings herstellen möchte, nutzt diesen einzigartigen Essig, um ihnen den richtigen Pfiff zu geben.

WARMER KARTOFFELSALAT

NACH »ASIATISCHER HAUSFRAUENART«

Kartoffelsalat gibt's auch in Asien. Er schmeckt schon ein bisschen anders, dafür aber ziemlich asiatisch!

VEGAN

FÜR 2 PERSONEN

FÜR DEN SALAT

- 400 g Kartoffeln, geschält
- 600 ml Gemüsebrühe
- 1 EL Sesamöl
- 1 TL Kurkuma, gemahlen
- ¼ TL Kardamom, gemahlen
- 1 TL Chilipulver
- 1 TL Currypulver
- 4 Gewürznelken, zerkleinert

FÜR DAS DRESSING

- Saft von 1 Limette
- 1–2 Knoblauchzehen, geschält und fein gehackt
- 4 EL geröstetes Sesamöl
- 1 EL natives Olivenöl
- 2 TL Agavendicksaft
- 2 TL dunkle Sojasauce
- 1 Prise Meersalz
- 1 Prise frisch gemahlener Pfeffer

DEKO

- 2 Frühlingszwiebeln (nur der grüne Teil), in Streifen geschnitten

ZUBEREITUNG

Eins Für den Salat die Kartoffeln halbieren, die Hälften nochmals halbieren und die Kartoffelschiffchen in fingerdicke Stücke schneiden. Die Kartoffelstücke in einen Topf mit der Gemüsebrühe geben, dann die restlichen Zutaten zugeben und zum Kochen bringen.

Zwei In der Zwischenzeit die Zutaten für das Dressing in einer Schüssel mit einem Schneebesen gründlich vermischen. Nach dem Aufkochen die Kartoffeln bei mittlerer Hitze 15–20 Minuten garen, bis sie weich geworden sind. Dann den Topf vom Herd nehmen und das Wasser abgießen. Die Kartoffeln in vorgewärmten, tiefen Tellern anrichten, einen Löffel Dressing darübergeben und mit einigen Frühlingszwiebelstreifen bestreuen. Das Dressing und die Zwiebelstreifen am besten zum Essen reichen, damit auf Wunsch nachgewürzt werden kann.

TIPP

Dieses Kartoffel-Special könnt ihr durch Änderungen der Portionsgrößen als warmes Zwischengericht, als Hauptmahlzeit oder als Beilage genießen.

DIE AROMAKAPSEL – KARDAMOM

Als Kardamom bezeichnet man die grün gepflückten Kapselfrüchte des Kardamomstrauches, der zur Familie der Ingwergewächse gehört und überall in Südostasien vorkommt. Kardamomkapseln werden in der asiatischen Küche seit Jahrtausenden verarbeitet und kommen entweder getrocknet oder gemahlen in den Handel.
Meine Oma pflückte Kardamom immer im Wald und trocknete ihn dann einige Tage in der Sonne, bevor sie ihn in ihrer Küche in sehr vielen Gerichten verwendete. Sie meinte, das Gewürz sei sehr gesund für den Magen und schütze so vor Krankheiten. Auch ich verwende in einigen Rezepten dieses Buchs Kardamom. Jeden Morgen nehme ich meine persönliche Kardamomration in Form eines Chai-Latte zu mir.

VEGGIE MAINS

Vegane Gerichte kommen bei mir immer häufiger auf den Tisch. In diesem Kapitel lautet meine Devise: »strictly vegan«.

KARTOFFEL-BOHNEN-CURRY

MIT KOKOS

Ein echter Curry-Klassiker, dem ihr gern mit gebratenem Tofu oder Seitan noch ein Upgrade verpassen könnt.

VEGAN

FÜR 2 PERSONEN

FÜR DAS CURRY

- 300 g grüne Bohnen
- 300 g Kartoffeln
- 600 ml Gemüsebrühe
- 1 TL Kurkuma, gemahlen
- 1 EL Kokosessig
- 1 EL Sesamöl
- 10 g Ingwer, fein gehackt
- 1 Prise Zucker

ZUM WÜRZEN

- 200 ml Kokosmilch
- 1 TL Garam masala
- 1 TL Currypulver
- 1 Prise Muskatnuss
- ¼ TL Kardamom, gemahlen
- Meersalz
- frisch gemahlener Pfeffer

DEKO

- Korianderblätter

ZUBEREITUNG

Eins Für das Curry die grünen Bohnen entstielen, anschließend die Kartoffeln schälen, halbieren und die Hälften in längliche Stücke schneiden.

Zwei Dann Bohnen und Kartoffelstücke in einen Topf mit der Gemüsebrühe geben, die restlichen Zutaten dazugeben, alles 5 Minuten aufkochen lassen und im Anschluss 25 Minuten auf mittlerer Hitze unter mehrmaligem Rühren fertig garen.

Drei Dann durch ein Sieb gießen und die komplette Flüssigkeit abtropfen lassen. Die festen Bestandteile erneut in den Topf geben und alle Zutaten zum Würzen unterrühren. Alles nochmals 2 Minuten auf kleiner Flamme erhitzen, gut durchmischen und mit Salz und Pfeffer nach Belieben abschmecken. Vor dem Servieren tiefe Teller vorwärmen und das Curry darin anrichten, mit den Korianderblättern garnieren.

GESUND FÜR ALT & JUNG – GRÜNE BOHNEN

Die länglich grünen Früchte der Gartenbohne werden in der Umgangssprache als grüne Bohnen bezeichnet. Die Bohnen wachsen an buschartigen Gewächsen, die zur Gruppe der Schmetterlingsblütler gezählt werden und im Hochland von Peru ihren Ursprung haben. Vor 8000 Jahren breitete sich die Pflanze langsam von Südamerika bis nach Nordamerika aus, von wo sie im 16. Jahrhundert durch Seefahrer nach Mitteleuropa gelangte.
Meine Oma verwendete regelmäßig grüne Bohnen, da diese auf dem Feld hinter dem Haus ständig verfügbar waren. Sie meinte, dass grüne Bohnen gesund für das Wachstum seien und den Körper mit vielen Dingen versorgten, die auch ein Erwachsener braucht. So kommt es, dass ich auch heute noch gern und regelmäßig grüne Bohnen esse und dabei an meine Dschungeloma denke.

ROTE-LINSEN-CURRY

MIT KARTOFFELN UND ZWIEBELN

Eine Rezeptur meiner Dschungeloma, die sich – zumindest meiner Meinung nach – kaum noch verbessern lässt!

VEGAN

FÜR 2 PERSONEN

FÜR DAS CURRY

- 150 g halbierte, getrocknete rote Linsen
- ½ Kartoffel, geschält und gewürfelt
- ½ Zwiebel, geschält und gewürfelt
- 5 g Ingwer, fein gewürfelt

ZUM WÜRZEN

- 1 TL Sesamöl
- ¼ TL Asafoetida (Teufelsdreck)
- ½ TL Currypulver
- ¼ TL Kreuzkümmel, gemahlen
- ¼ TL Kardamom, gemahlen
- ¼ TL Kurkuma, gemahlen
- 2–3 ganze Lorbeerblätter
- Meersalz
- frisch gemahlener Pfeffer

ZUBEREITUNG

Eins Die roten Linsen in einem Sieb unter fließendem Wasser waschen. Dann Linsen, Kartoffel-, Zwiebel- und Ingwerwürfel in einen Topf geben und so viel Wasser zugeben, bis alles gut bedeckt ist.

Zwei Alle Zutaten zum Würzen untermischen und das Ganze unter Rühren zum Kochen bringen. Sobald die Mischung aufgekocht ist, etwa 35 Minuten auf kleiner Flamme gar ziehen, bis die Linsen weich geworden sind.

Drei Bitte darauf achten, dass das Gericht nicht anbrennt, und, wenn nötig, sehr kleine Mengen zusätzliches Wasser angießen. Vor dem Servieren die Lorbeerblätter entnehmen und das Gericht mit Salz und Pfeffer nach Belieben abschmecken.

DES TEUFELS DRECK – ASAFOETIDA

Aus der Pfahlwurzel des Asants, eines krautigen Doldenblütlers aus Vorderasien und Indien, wird durch Anschnitt ein Saft freigesetzt, der in der Sonne getrocknet zu Harz wird. Der umgangssprachliche Begriff »Teufelsdreck« ist auf den bitteren, beißenden Geschmack des Harzes, dessen Geruch sehr an Knoblauch erinnert, zurückzuführen, im gekochten Zustand entfaltet Asafoetida jedoch sein einzigartiges Aroma.
Meine Oma gab den Teufelsdreck meist Linsengerichten bei, da sie sicher war, dass er die Verdauung unterstütze. Außerdem war sie überzeugt, er sei sehr gesund für die Haut. Ich nutze den Teufelsdreck gerne als Ersatz für Knoblauch, da er verblüffend ähnlich schmeckt, aber den Atem nicht beeinflusst.

BROKKOLI-BLUMENKOHL-CURRY

MIT MANGO UND KORIANDERREIS

Anders, aber köstlich! Die zweierlei Kohlsorten machen sich echt gut mit südostasiatischer »Unterstützung«.

VEGAN

FÜR 2 PERSONEN

ZUTATEN

- 2 Mangos
- 1 Karotte
- 50 g Brokkoli-Röschen
- 50 g Blumenkohl-Röschen
- 50 g junge Erbsen
- 100 g Basmati- oder Jasmin-Duftreis
- 2–3 EL Maiskeimöl
- 1 TL gelbe Currypaste (alternativ: Currypulver)
- 100 ml Kokosmilch
- 1 Prise Meersalz
- frisch gemahlener Pfeffer
- ½ Bund Koriander

ZUBEREITUNG

Eins Zuerst die Mangos schälen, das Fleisch vom Kern lösen und in etwa 2 cm große Würfel schneiden. Die Karotte schälen und in Streifen schneiden, die Röschen von Brokkoli und Blumenkohl sowie die jungen Erbsen bereitstellen.

Zwei Den Reis in einem Topf mit etwa 1 EL Maiskeimöl kurz anbraten und nach Packungsanleitung kochen.

Drei In einer Pfanne oder im Wok das restliche Öl erhitzen und Brokkoli sowie Blumenkohl und die Karottenstreifen 2–3 Minuten scharf anbraten. Dann die Currypaste dazugeben und 10–15 Sekunden mit anbraten. Das Ganze sofort mit Kokosmilch ablöschen und die Erbsen unterrühren.

Vier Erst kurz vor Garende die Mangowürfel zugeben, sodass alles noch guten Biss hat. Mit Salz und Pfeffer nach Belieben abschmecken.

Fünf Den Koriander waschen, trocken tupfen und hacken. Das Curry in vorgewärmten Schüsseln servieren. Dazu den mit gehacktem Koriander bestreuten Reis reichen.

MITBRINGSEL DER KREUZRITTER – BLUMENKOHL

Die Samen einer Vorstufe des Blumenkohls gelangten mit den Kreuzrittern aus dem Gebiet der heutigen Türkei nach Italien, wo er weitergezüchtet und schließlich zum Blumenkohl wurde. Schon Ludwig XIV. liebte vor 250 Jahren den blassen Kohl und benannte ein Blumenkohlgericht nach seiner Mätresse Madame Dubarry. Heute wird Blumenkohl auf der ganzen Welt kultiviert.

Meine Oma verarbeitete Blumenkohl meist in Currys und sagte ihm eine stärkende Wirkung nach. Ich selbst mag ihn auch gerne als Tempura oder in Gemüse-Wokgerichten.

GEBRATENER HOKKAIDOKÜRBIS

MIT ORANGEN-CURRY-MARINADE UND PAK-CHOI-GEMÜSE

Hokkaido gepimpt mit Orange und Curry ergibt ein kulinarisches Erlebnis der asiatischen Extraklasse. Mit Reis wird daraus eine wirklich reichhaltige Mahlzeit.

VEGAN

FÜR 2 PERSONEN

FÜR DEN PAK CHOI

- 2 EL Salz
- 500 g frischer Pak Choi

FÜR DEN KÜRBIS

- ½ mittelgroßer Hokkaido-Kürbis
- 50 g Mandelblättchen
- Saft von 1 Orange
- Saft von 1 Limette
- ½ TL Currypulver
- 1 EL brauner Zucker
- 1 EL Kokosessig (alternativ: Weinessig)
- 1 Knoblauchzehe, gehackt

ZUM FERTIGSTELLEN

- 4 TL Kokosöl (alternativ: Maiskeimöl)
- 50 g Cashewkerne
- 1 Knoblauchzehe, geschält und gehackt
- 4–6 Thai-Basilikum-Blätter, gehackt
- ½ Bund glatte Petersilie, gezupft und gehackt
- 1 EL dunkle Sojasauce
- Meersalz
- frisch gemahlener Pfeffer

DEKOR

- Korianderblätter

ZUBEREITUNG

Eins Einen Topf mit reichlich Wasser und Salz zum Kochen bringen. In der Zwischenzeit den Pak Choi waschen, putzen, halbieren und für 5–10 Sekunden im kochenden Wasser blanchieren. Danach den Pak Choi mit einer Schaumkelle entnehmen, in ein großes Sieb geben und unter kaltem Wasser abschrecken und beiseitestellen. Das kochende Wasser nicht wegschütten, da es im nächsten Schritt wieder gebraucht wird.

Zwei Die Enden des Hokkaido-Kürbisses abschneiden, sodass dieser sicher steht. Den Kürbis halbieren und die Kerne mit einem Esslöffel herauskratzen. Der Hokkaido ist der einzige Kürbis, den man nicht schälen muss. Das Kürbisfleisch in etwa 2 × 2 cm große Würfel schneiden, diese dann in das kochende Wasser geben und 3–5 Minuten garen, anschließend in ein Sieb abgießen. Die Kürbiswürfel in eine Schüssel geben, Mandelblättchen, Orangen- und Limettensaft, Currypulver, Zucker und Essig sowie den Knoblauch dazugeben. Alles einmal gut miteinander verrühren und 10 Minuten ziehen lassen.

Drei Einen Wok oder eine Pfanne auf dem Herd heiß werden lassen und 2 TL Kokosöl darin schmelzen, die Cashewkerne und die zweite Knoblauchzehe hineingeben und kurz anrösten, dann den Pak Choi dazugeben und ebenfalls kurz anbraten. Thai-Basilikum sowie Petersilie zugeben, kurz durchschwenken und mit etwas Sojasauce ablöschen. Das Ganze mit Salz und Pfeffer nach Belieben abschmecken und warm stellen, den Wok oder die Pfanne auswischen und wieder erhitzen.

Vier Das restliche Kokosöl schmelzen lassen und die Kürbisstücke mit der Marinade dazugeben. Für 6–8 Minuten einkochen lassen, zwischendurch sicherstellen, dass der Kürbis noch etwas Biss behält. Das Ganze nochmals mit Salz und Pfeffer abschmecken.

Fünf Zum Schluss das Pak-Choi-Gemüse auf warmen Tellern anrichten und die Kürbiswürfel dazugeben. Mit Korianderblättern dekorieren. Als Beilage Basmatireis reichen.

INDISCHES RATATOUILLE

AUF GEBRATENEN MIE-NUDELN

Der mediterrane Klassiker schlüpft in ein asiatisches Geschmacksgewand. Welcome to India!

FÜR 2 PERSONEN

FÜR DIE NUDELN

- 125 g Mie-Nudeln
- 500 ml Wasser
- 1 TL Kurkuma, gemahlen
- 1 TL Sesamöl

FÜR DAS GEMÜSE

- ½ Aubergine, gewürfelt
- 1 Karotte, fein gewürfelt
- ½ Zucchini, gewürfelt
- 1 rote Paprika, gewürfelt
- 2 geschälte Tomaten aus der Dose
- 100 ml Gemüsebrühe
- 1–2 EL Sesamöl

ZUM WÜRZEN

- 10 g Ingwer, fein gehackt
- 2 Knoblauchzehen, fein gehackt
- 1 EL dunkle Sojasauce
- 1 EL Kokospulver
- 1 EL geröstetes Sesamöl
- 1 TL Kokosessig
- ¼ TL Garam masala
- je ¼ TL Curry- und Chilipulver
- ¼ TL brauner Zucker
- ¼ TL Kaffirlimettenblattpulver
- Meersalz
- frisch gemahlener Pfeffer

ZUBEREITUNG

Eins Für die Mie-Nudeln alle Zutaten, bis auf das Öl, in einen Topf geben, mit kochendem Wasser aufgießen und nach Packungsanleitung im Wasserbad gar ziehen lassen. Unbedingt darauf achten, dass die Nudeln ihren Biss behalten. Danach das Wasser abgießen und die Nudeln in einem Sieb mit kaltem Wasser abschrecken.

Zwei Alle Zutaten für das Gemüse in einer Pfanne oder im Wok bei großer Hitze unter Rühren etwa 10 Minuten anbraten, bis das Gemüse gar ist. Danach die Mie-Nudeln in eine zweite Pfanne geben und kurz mit etwas Sesamöl scharf anbraten.

Drei Zum Schluss das Gemüse mit allen Zutaten zum Würzen abschmecken und 1 Minute kräftig erhitzen. Mit Salz und Pfeffer nach Belieben nachschmecken.

Vier Die Nudeln auf vorgewärmten, tiefen Tellern zu einem Nest anrichten und das Gemüse daraufgeben. Nach Wunsch vor dem Servieren mit gehackten Frühlingszwiebeln bestreuen.

NUDELN FÜR EILIGE – MIE-NUDELN

Mie-Nudeln sind südostasiatische Weizenmehlnudeln, die unterschiedlich geformt sein können und deutlich länger als Spaghetti sind. Meistens werden Mie-Nudeln aus Weizenmehl, Wasser und Salz hergestellt und kommen als Knäuel oder zu kleinen Päckchen geformt in den Handel.
Im Vergleich mit europäischen Teigwaren werden Mie-Nudeln nicht gekocht, sondern man lässt sie nach dem Übergießen mit kochendem Wasser einfach gar ziehen. Als schnell zubereiteter Energielieferant ist die Mie-Nudel eine Alternative zu Couscous und Bulgur. Ich verwende Mie-Nudeln zusätzlich gerne als Einlage in asiatischen Suppen sowie als Sättigungsbeilage zu fernöstlich inspirierten Gerichten. Wenn es mal ganz schnell und unkompliziert gehen muss, esse ich Mie-Nudeln pur mit einem Schuss dunkler Sojasauce, einigen Tropfen geröstetem Sesamöl und einer gehackten Frühlingszwiebel – einfach und lecker!

AYURVEDA-GEWÜRZREIS

MIT ROSINEN UND CASHEWKERNEN

Dieser Reis entspricht der Rezeptur meiner Dschungel-oma. Die Zutaten beleben Körper, Seele und Geist. Fühlt ihr euch reif für diesen Reis?

VEGAN

FÜR 2 PERSONEN

FÜR DAS GEMÜSE

- 1 TL Sesamöl
- 2 Karotten, gewürfelt
- 2 ganze Nelken
- 2–3 Kapseln grüner Kardamom
- ¼ TL Zimtpulver

FÜR DEN REIS

- 150 g Basmatireis
- 300 ml Wasser
- 1 Prise Safran, gemahlen
- ½ TL Kurkuma, gemahlen
- 1–2 Prisen Meersalz
- 20 g Cashewkerne
- 10 g Rosinen

DEKO

- glatte Petersilienblätter

ZUBEREITUNG

Eins Für das Gemüse das Sesamöl in einem Topf erhitzen, dann die restlichen Zutaten hinzugeben und leicht anschwitzen. Anschließend den Reis zu dieser Mischung schütten, die restlichen Zutaten, bis auf Cashewkerne und Rosinen, dazugeben, nochmals gut umrühren und abgedeckt etwa 10 Minuten auf kleiner Flamme köcheln lassen.

Zwei Cashewkerne und Rosinen zufügen, nochmals umrühren und weitere 10 Minuten mit wenig Hitze nachgaren. Den Reis in vorgewärmten, tiefen Tellern anrichten und mit einigen Petersilienblättern bestreuen. Wer mag, reicht noch etwas warmes Naan-Brot dazu. **Wichtig:** Versucht beim Servieren die Kardamomkapseln und Nelken herauszufischen, da diese beim Zerkauen einen sehr intensiven Geschmack entwickeln, den nicht jeder gerne mag!

BAUMRINDE ALS GEWÜRZ – ZIMT

Zimt ist die eingerollte, getrocknete Innenrinde des Zimtbaumes (Chinesischer Zimt), der überall in Südostasien vorkommt. In Indien und China wird Zimt seit mehr als 5000 Jahren als Gewürz- und Heilpflanze sehr geschätzt.
Der sogenannte Echte Zimt (Ceylon-Zimt) ist der qualitativ hochwertigste und kommt als Pulver oder als Stange aus dem heutigen Sri Lanka in den Handel. Der portugiesische Seefahrer Vasco da Gama brachte den »Echten Zimt« erstmals im Jahre 1498 mit nach Europa. Seither findet der Zimt auch in der europäischen Küche Verwendung.
Meine Oma verwendete immer den Zimt, den sie in den Zimtgärten unseres Nachbarn erntete. Von ihr lernte ich, den Zimt in Chai – einen schwarzen Gewürztee – zu mischen, den ich noch heute jeden Morgen trinke. Sie war der Meinung, Zimt stärke das Herz und halte das Blut rein.

KAROTTEN-ERBSEN-COUSCOUS

MIT LIMETTE

Dieses Gemüse-Couscous ist eine echte Fast-Food-Mahlzeit, die ihr schnell herstellen und ruckzuck genießen könnt.

VEGAN

FÜR 2 PERSONEN

FÜR DAS COUSCOUS

- 2 Tassen Wasser
- 1 Tasse Couscous
- 1 Msp. Kurkuma, gemahlen
- ½ TL Currypulver
- ½ TL Kreuzkümmel, gemahlen
- 1 Msp. Asafoetida (Teufelsdreck)
- 1–2 Prisen Meersalz
- 1–2 EL Sesamöl

FÜR DAS GEMÜSE

- 1–2 Karotten, geraspelt
- 100 g Erbsen (TK)
- 100 ml Wasser
- 1 EL Sesamöl
- ½ TL Agavendicksaft

ZUM WÜRZEN

- 1 EL Limettensaft
- 1 Prise Meersalz
- 1 Prise frisch gemahlener Pfeffer

DEKO

- glatte Petersilienblätter

ZUBEREITUNG

Eins Zuerst Wasser und Couscous in einem Topf zum Kochen bringen, anschließend die restlichen Zutaten zugeben, gut umrühren und zum Quellen vom Herd nehmen.

Zwei Dann die Zutaten für das Gemüse in einer Pfanne garen, bis das komplette Wasser verdampft und das Gemüse gar ist. Das gegarte Gemüse zum Couscous geben, Limettensaft, Salz und Pfeffer unterrühren und alles nochmals gut mischen. Nach Geschmack mit Salz und Pfeffer nachwürzen. Zum Schluss in vorgewärmte Schalen geben und mit Petersilienblättern garnieren.

EXTREM SCHNELL ZUBEREITET – COUSCOUS

Als Couscous bezeichnet man den zu kleinen Kügelchen geformten Grieß von Hartweizen, der in der nordafrikanischen Küche als häufigstes Grundnahrungsmittel Verwendung findet. Anders als Reis wird Couscous nicht gekocht, sondern gedämpft, was seine Zubereitungszeit im Vergleich zum Reis deutlich verkürzt. Nachdem das Couscous mit kochendem Wasser übergossen wird, muss es nur wenige Minuten aufquellen, bis es genussfertig ist.
In der Mitte des 20. Jahrhunderts brachten nordafrikanische Einwanderer das Couscous zuerst nach Frankreich, von wo aus es sich in viele europäische Länder bis nach Israel verbreitete.
Ich selbst esse gern Couscous, weil es schnell fertig ist und lange satt macht. Wenn ich mal kein Couscous zur Hand habe, nehme ich Bulgur, der ebenfalls aus Hartweizen besteht und genauso schnell zubereitet ist.

AUFLAUF VON SÜSSSAUREM SPITZKOHL

MIT KARAMELLISIERTEM ANANAS-KAROTTEN-GEMÜSE

Cross-over-Food aus dem Backofen. Das Wechselspiel von Süße und Frucht machen diesen Kohlauflauf very special.

VEGAN

FÜR 2 PERSONEN

FÜR DEN SPITZKOHL

- ½ Spitzkohl
- ½ Block Räuchertofu (etwa 200 g)
- 1 EL Maiskeimöl

FÜR DIE SAUCE

- 50 g Cashewkerne
- 50 ml Sojamilch
- 1 EL Sojamehl
- 40 ml Kokosessig (alternativ: Reisessig)
- ½ EL brauner Zucker
- ½ EL dunkle Sojasauce
- 1 Prise Meersalz
- 1 Prise frisch gemahlener Pfeffer

FÜR DAS GEMÜSE

- 400 g Karotten
- ½ frische Ananas
- 1 EL brauner Zucker
- 1–2 EL dunkle Sojasauce
- frische Petersilienblätter

ZUBEREITUNG

Eins Zuerst den Ofen auf 180 °C vorheizen. Den Spitzkohl putzen, waschen und in feine Streifen hobeln oder schneiden. Dann den Räuchertofu in feine Würfel schneiden und in etwas Öl in einer Pfanne kross anbraten. Den Spitzkohl zugeben, gut mischen und alles nochmals anbraten. Danach in eine große Schüssel geben und abkühlen lassen.

Zwei Cashewkerne und Sojamilch zusammen in einem Standmixer 2–4 Minuten pürieren, bis die Mischung eine cremige, sahneähnliche Konsistenz hat. Das Sojamehl mit 2 EL kaltem Wasser in einem Glas verrühren und zur Cashewsahne geben. Dann die restlichen Zutaten zugeben und alles nochmals kurz im Mixer glatt arbeiten. Die Mischung in die Schüssel mit Kohl und Tofu geben. Alles gut vermischen und in eine passende Auflaufform umfüllen.

Drei Den Auflauf 25–30 Minuten im Ofen garen, bis die Oberfläche goldbraun ist und die Sahnemischung stockt.

Vier Die Karotten schälen und in Stifte schneiden. Die Ananas halbieren, eine Hälfte von Schale und Strunk befreien und in 2 cm große Würfel schneiden. In einer Pfanne den braunen Zucker bei kleiner Hitze schmelzen lassen. Sobald der Zucker karamellisiert, Karottenstifte und Ananasstücke zufügen, mit Sojasauce ablöschen und aufkochen lassen.

Fünf Den Auflauf auf vorgewärmten Tellern mit dem karamellisierten Ananas-Karotten-Gemüse servieren und mit Petersilienblättern garnieren.

TIPP

Dieser Auflauf erhält seine Bindung durch die Mischung von Sojamehl und Wasser. Wenn ihr kein Sojamehl zur Hand habt und auf vegan verzichten könnt, gebt gerne ein Ei dazu.

WARMER SALAT VON GESCHMORTEM WEISSKOHL

MIT ORANGEN-MASALA UND SULTANINEN

Mit Weißkohl könnt ihr schon eine Menge anstellen! Ich habe ihn hier mal ganz crazy im Masala-Style zubereitet. Wohl bekomm's!

VEGAN

FÜR 2 PERSONEN

FÜR DEN SALAT

- 400–500 g Weißkohl
- 2 EL Sesamöl
- 15 g Ingwer, fein gehackt
- 1 TL brauner Rohrzucker

ZUM WÜRZEN

- ½ TL Kurkuma, gemahlen
- ¼ TL Zimtpulver
- ¼ TL Koriander, gemahlen
- ¼ TL Kardamom, gemahlen
- 1 Nelke, im Mörser zerkleinert

ZUM FERTIGSTELLEN

- 30 g Sultaninen
- 1 Prise Meersalz
- 1 Schuss dunkle Sojasauce
- frisch gemahlener Pfeffer
- Saft von ½ Orange

DEKO

- Basilikumblätter

ZUBEREITUNG

Eins Den Weißkohl putzen, waschen und in feine, dünne Streifen schneiden. Das Sesamöl in einer Pfanne oder im Wok erhitzen, dann Ingwer sowie Zucker zugeben und anrösten.

Zwei Im Anschluss Weißkohl, 300 ml Wasser sowie die Zutaten zum Würzen zugeben und 30 Minuten abgedeckt bei mittlerer Hitze garen. Zwischendurch immer wieder umrühren und nach Bedarf etwas Wasser zugeben, damit das Gemüse nicht anbrennt.

Drei Dann die Sultaninen unterrühren und das Gericht nach eigenem Geschmack mit den restlichen Zutaten abschmecken. In vorgewärmten Schüsseln anrichten und mit den Basilikumblättern garnieren. Wer mag, reicht noch etwas warmes Chapati-Fladenbrot dazu.

BRITISCHES GEMÜSE – WEISSKOHL

Weißkohl stammt vom Wildkohl ab, der an den Küsten Südenglands und Irlands heimisch ist. Erst im Mittelalter züchteten die Menschen Mitteleuropas den Weißkohl, der damals, aufgrund seines niedrigen Preises sowie einer guten Lagerfähigkeit, besonders beim ärmeren Teil der Bevölkerung häufiger auf dem Speiseplan stand.
Ich esse in der kalten Jahreszeit immer wieder Weißkohl, da nach Meinung eines Ayurveda-Arztes viele Stoffe in ihm enthalten sind, die vor Erkältung schützen sollen.
Ich schwimme ganzjährig im Outdoor-Pool ohne Neopren und habe tatsächlich äußerst selten eine Grippe.

ZWEIMAL GEBRATENE SEITANSTREIFEN

AUF SESAM-MINZ-PESTO UND MIE-NUDELN

Mediterrane und asiatische Beilagen mal ganz easy kombiniert. Enjoy it!

FÜR 2 PERSONEN

FÜR DEN SEITAN

- 300 g Seitan (alternativ: Räuchertofu)
- 1 Prise Meersalz
- frisch gemahlener Pfeffer
- 1 Knoblauchzehe, geschält und gehackt
- 2–3 g Ingwer, gehackt
- 1 EL Sesamöl
- 1 TL Sojasauce
- 1 EL natives Kokosöl

FÜR DAS PESTO

- ½ Bund Minze
- ½ Bund Thai-Basilikum
- 50 g Cashewkerne
- ½ rote Zwiebel
- 1 Knoblauchzehe
- ½ rote Chilischote
- Saft von ½ Limette
- 2–3 EL Sesamöl
- Meersalz
- frisch gemahlener Pfeffer

FÜR DIE MIE-NUDELN

- 250 g Mie-Nudeln
- 1–2 EL Kokosmilch

DEKO

- Korianderzweige

ZUBEREITUNG

Eins Zuerst den Seitan in filetähnliche Streifen schneiden und mit Salz, Pfeffer, Knoblauch und Ingwer sowie Sesamöl und Sojasauce vermischen, diese Mischung 2–3 Minuten ziehen lassen.

Zwei Das Kokosöl in einer Pfanne oder im Wok erhitzen und die Seitanstreifen 2–3 Minuten scharf darin anbraten. **Wichtig:** Die Streifen sollten leicht angebräunt und die Flüssigkeit verdampft sein. Dann die Streifen zum Abkühlen beiseitestellen.

Drei Für das Pesto Minze und Basilikum unter kaltem Wasser abspülen, von den groben Stielen befreien, fein hacken und in eine Schüssel geben. Die Cashewkerne ebenfalls grob hacken und zu den Kräutern geben. Die rote Zwiebel und den Knoblauch schälen, fein hacken und dazugeben. Dann die Chilischote in feine Würfel schneiden und mit Limettensaft und Sesamöl zufügen. Zum Schluss alles mithilfe eines Mixstabes sehr kurz pürieren und mit Salz sowie Pfeffer abschmecken. **Wichtig:** Niemals zu lange pürieren, da sonst Bitterstoffe freigesetzt werden. Wer einen Mörser besitzt, kann die Pestozutaten klassisch einmal anmörsern. Das Pesto bis zum Servieren ziehen lassen.

Vier Für die Mie-Nudeln die Nudeln nach Packungsanleitung zubereiten, dann aus dem Wasser nehmen und mit der Kokosmilch vermengen; in einem Topf warm halten.

Fünf Zum Fertigstellen die Seitanstreifen in etwas Sesamöl in der Pfanne oder im Wok ein zweites Mal scharf anbraten. Die Mie-Nudeln in vorgewärmten tiefen Teller anrichten, 2–3 Löffel Pesto darübergeben und die Seitanstreifen obenauf setzen. Mit den Korianderzweigen garnieren und sofort servieren.

WIESENPILZ-FRÜHLINGSROLLEN

AUF MARINIERTEM CHINAKOHL MIT ASIATISCHEN KRÄUTERN

Frühlingsrollen im Saliya-Style mit Pilzfüllung ... ultralecker!

VEGAN

FÜR 2 PERSONEN

FÜR DIE FRÜHLINGSROLLEN

- 150 g Kräuterseitlinge
- 150 g braune Champignons
- 150 g weiße Champignons
- 150 g Austernpilze
- ½ rote Chilischote
- 1 Knoblauchzehe
- ½ Gemüsezwiebel
- 1 TL Ketjap Manis
- 1 EL Sesamöl
- 4 Frühlingsrollenteigblätter

FÜR DEN CHINAKOHL

- 6 Chinakohlblätter
- 2 EL Sesamöl
- 2 TL Kokosessig (alternativ: weißer Weinessig)
- 2 EL Sojasauce
- 2 Thai-Basilikum-Zweige, gezupft
- 4 Korianderzweige, gehackt
- 1 Prise Zucker
- 1 Prise Meersalz
- 1 Prise frisch gemahlener Pfeffer

ZUM FERTIGSTELLEN

- Pflanzenöl zum Frittieren
- dunkle Sojasauce oder süßsaure Chilisauce

ZUBEREITUNG

Eins Für die Frühlingsrollen die verschiedenen Pilze putzen, nur kurz waschen und in Streifen schneiden. Die Chilischote waschen und hacken. Dann Knoblauch und Zwiebel schälen, in feine Streifen schneiden und alles zusammen mit Ketjap Manis und Sesamöl in einer Pfanne 3–4 Minuten unter Rühren scharf anbraten und zum Abkühlen beiseitestellen.

Zwei Anschließend die Frühlingsrollenteigblätter mit der Pilzmischung füllen und so einrollen, dass die Enden geschlossen werden können. Bis zum Anrichten zur Seite stellen.

Drei Für den Chinakohl die Blätter waschen und in feine Streifen schneiden. Die Kohlstreifen dann in eine Schüssel geben und die restlichen Zutaten zugeben. Alles gut mischen und ziehen lassen.

Vier Den marinierten Chinakohl auf Tellern verteilen. Das Pflanzenöl erhitzen und die Frühlingsrollen darin goldbraun frittieren. Sofort auf dem Chinakohl anrichten und mit Sojasauce oder süßsaurer Chilisauce servieren.

TIPP

Wenn ihr nicht alle Pilzsorten bekommt, nehmt einfach etwas mehr von denen, die erhältlich sind. Wichtig ist, dass ein Gesamtgewicht von insgesamt 600 g erreicht wird.

WOKGEMÜSE AUS FERNOST – CHINAKOHL

Der Chinakohl gehört zur Familie der Kreuzblütler und wurde im 5. Jahrhundert durch Kreuzung von Speiserübe und Senfkohl in China gezüchtet. Erst Anfang des 20. Jahrhunderts gelangte der Chinakohl durch chinesische Einwanderer nach Europa und konnte sich seitdem gut etablieren.
Ich verwende Chinakohl gern als Beilage zu asiatischen Gerichten. Da die Blätter des Kohls schnell welken, verbrauche ich Chinakohl nach spätestens zwei Tagen Lagerung im Kühlschrank.

MAKI-ROLLE VON MU-ERR-PILZEN

AUF SPROSSENBETT

Sushifans aufgepasst! Hier kommt eine vegane Version! Yummy!

VEGAN

FÜR 2 PERSONEN

Hinweis: Die geübten Maki-Roller unter euch sind hier fix fertig. Wenn ihr euch nicht sicher fühlt, findet ihr im Internet unter dem Stichwort »Maki-Rollen Anleitung« den richtigen Support.

FÜR DIE PILZE

- 250 g getrocknete Mu-Err-Pilze
- 1 TL Sojasauce

FÜR DEN REIS

- 250 g Sushireis
- 40 ml Reisessig
- 1 Prise Zucker
- 1 Prise Meersalz

FÜR DIE MAKIS

- 5 g Wasabipulver
- ½ Packung Noriblätter (Algenblätter)
- 1 Karotte
- 100 g frische, gemischte Sprossen
- 5 g Sushi-Ingwer, eingelegt
- Bambusmatte zum Sushirollen

ZUBEREITUNG

Eins Wasser in einem Topf zum Kochen bringen, dann Mu-Err-Pilze und Sojasauce zugeben, den Topf vom Herd nehmen und bei geschlossenem Deckel mindestens 30 Minuten einweichen lassen. Nochmals aufkochen und etwa 10 Minuten leicht köcheln lassen, die Pilze abgießen und kurz mit kaltem Wasser abspülen. Beiseitestellen.

Zwei Den Sushireis in einem Topf mit kaltem Wasser mehrmals waschen, bis das Wasser klar geworden ist. Dann mit etwa 250 ml kaltem Wasser in einen Topf geben und nach Packungsanleitung kochen. Den Reis dann in eine Schüssel geben. Reisessig, Zucker und Salz in einen Topf geben, leicht erwärmen und so lange rühren, bis sich Salz und Zucker aufgelöst haben. Etwas abkühlen lassen, zum Sushireis geben, 1 Minute vorsichtig verrühren und mit einem feuchten Handtuch abdecken. Den Reis bis zum Servieren warm halten.

Drei Das Wasabipulver nach Packungsanleitung mit Wasser anrühren und mit einem Messer auf einem Brettchen immer wieder ausstreichen und zusammenschieben. Die Masse einige Minuten in eine Schale geben und ziehen lassen. Zum Rollen der Makis die Noriblätter einzeln aus der Verpackung nehmen und längs halbieren. Je ein Blatt mit der glatten Seite nach unten auf die Bambusmatte legen. Den Sushireis mit angefeuchteten Händen gleichmäßig auf dem Blatt verteilen, dabei an den Längsseiten einen etwa 1 cm breiten Rand lassen. In die Mitte der Reisschicht längs eine Rille drücken und etwas Wasabi hineingeben.

Fünf Die Mu-Err-Pilze in feine Streifen schneiden, die Karotte schälen und in ebenso feine Streifen schneiden. Beides in der Rille verteilen, dann das Noriblatt von der Längsseite mithilfe der Bambusmatte aufrollen, die Sushirolle dabei leicht andrücken, die Bambusmatte entfernen und nochmals mit den Händen vorsichtig nachformen. Die Enden mit einem sehr scharfen Messer abschneiden und in gleichmäßige Röllchen schneiden (Breite ca. 3 cm). Die Sprossen waschen und zum Abtropfen auf Küchenpapier legen.

Sechs Die Sprossen als Nest anrichten und die Sushirollen daraufsetzen. Nach Belieben dazu in Sesamöl, Knoblauch und Chiliwürfeln angebratene Frühlingszwiebeln anbieten. Sojasauce, Wasabipaste und eingelegten Ingwer dazu reichen.

SATÉ VON AVOCADO UND SEITAN

MIT TANDOORI-MASALA-MARINADE UND GRÜNEM BASMATIREIS

Dieses Gericht ist noch ein kulinarischer Geheimtipp. Unbedingt weitersagen!

VEGAN

FÜR 2 PERSONEN

FÜR DIE SPIESSE

- 2 Avocados (Sorte Hass)
- 300 g Seitan oder Tofu
- 2 TL Tandoori-Masala-Paste
- 2 EL Sesamöl
- 2 EL dunkle Sojasauce
- 1 EL Limettensaft
- 1 Prise Meersalz
- 1 Prise frisch gemahlener Pfeffer
- 1–2 EL Agavendicksaft
- Holzspieße

FÜR DEN REIS

- 50 g Zuckerschoten
- ½ Bund Zitronenmelisse
- 200 g Basmatireis
- 1 Prise Meersalz
- 150 g junge Erbsen

ZUBEREITUNG

Eins Für die Satéspieße zuerst die Avocados vierteln, den Kern entfernen und das Fleisch aus der Schale lösen. Bitte darauf achten, dass die Fleischstücke gleich groß sind. Seitan oder Tofu in etwa 3 cm große Würfel schneiden und abwechselnd mit den Avocadostücken auf die Spieße stecken.

Zwei Aus Tandoori-Paste, Sesamöl, Sojasauce, Limettensaft, Salz und Pfeffer eine kräftige Marinade herstellen und die Spieße großzügig damit bepinseln, in Alufolie wickeln und 2–3 Stunden im Kühlschrank ziehen lassen.

Drei Für den Reis die Zuckerschoten waschen, putzen und mit einem Messer halbieren. Die Zitronenmelisse ebenfalls waschen, fein hacken und zur Seite stellen.

Vier Den Reis im Verhältnis ein Teil Reis zu zwei Teilen Wasser sowie 1 Prise Salz zum Kochen bringen und auf kleiner Flamme köcheln lassen, bis das Wasser verdampft ist. Zwischendurch den Reis umrühren, damit er nicht anbrennt. Vor dem Garende des Reises Erbsen und Zuckerschoten zufügen und nur erwärmen.

Fünf Einen Tischgrill vorheizen oder den Backofen auf Grillfunktion einstellen und die Saté-Spieße von allen Seiten kross grillen. Während des Grillens die Spieße immer wieder mit der Marinade bepinseln. Kurz vor dem Garende die Spieße mit Agavendicksaft einstreichen und nochmals von allen Seiten grillen.

Sechs Den Reis zum Schluss mit Salz und Pfeffer abschmecken mit der gehackten Zitronenmelisse bestreuen und in kleine Schüsseln füllen. Die fertigen Spieße auf vorgewärmten Tellern anrichten und sofort mit dem Reis servieren.

TEMPURA VON SAISONALEM MARKTGEMÜSE

AUF AVOCADOSALAT MIT ERDNUSS-SAUCE

Hier könnt ihr die Gemüsesorten selbst bestimmen. Probiert euch einfach durch! Happy Day!

VEGAN

FÜR 2 PERSONEN

FÜR DAS GEMÜSE

- 500 g gemischtes Marktgemüse nach Saison
- 125 g Dinkelmehl
- 125 g Speisestärke
- Sesamöl
- 2 l Pflanzenöl zum Frittieren

FÜR DEN AVOCADOSALAT

- 2 Avocados (Sorte Hass)
- Saft von ½ Limette
- 100 g Kirschtomaten
- ½ Bund Rucola
- 1 Knoblauchzehe
- ½ Bund Thai-Basilikum
- 2 EL Sesamöl, 1 EL Reisessig
- 1 EL Agavendicksaft
- ½ TL Wasabipaste

FÜR DIE ERDNUSS-SAUCE

- 150 g gesalzene Erdnüsse
- 100 ml Sojamilch
- Saft von ½ Limette
- 1 TL Sojasauce
- 1–2 Tropfen Tabasco
- 1 Msp. Currypulver
- 1 Prise Meersalz
- frisch gemahlener Pfeffer

ZUBEREITUNG

Eins Zuerst die Erdnuss-Sauce zubereiten. Dazu alle Zutaten in einen Mixer geben und mindestens 5 Minuten pürieren. Etwas Sojamilch dazugeben, bis die Sauce die gewünschte Konsistenz erreicht hat. Die Sauce in einen Topf füllen, unter Rühren einmal kurz aufkochen lassen, vom Herd nehmen und abgedeckt ziehen lassen. Das Gemüse putzen, waschen, in feine Streifen schneiden und in einer großen Schüssel vermischen.

Zwei In einer zweiten Schüssel das Mehl mit der Speisestärke trocken mischen und unter ständigem Rühren so lange Wasser dazugeben, bis ein flüssiger Teig entstanden ist. Den Tempurateig mit etwas Sesamöl, Salz und Pfeffer würzen und ein paar Minuten stehen lassen, dann nochmals kräftig durchrühren, die Gemüsestreifen zufügen und gut mischen.

Drei Für den Avocadosalat die Avocados halbieren, den Kern entfernen, das Fruchtfleisch mit einem Esslöffel aus der Schale schaben und in eine Schüssel geben. Dann den Limettensaft unterrühren, um ein Braunwerden zu vermeiden. Die Kirschtomaten waschen, halbieren und zur Avocado geben. Den Rucola waschen und zugeben. Den Knoblauch schälen und fein hacken. Das Thai-Basilikum fein hacken, beides dazugeben. Sesamöl, Reisessig, Agavendicksaft und Wasabipaste in eine kleine Schüssel geben und zu einer Vinaigrette aufschlagen, diese über den Salat geben und gut mischen.

Vier Das Pflanzenöl in einem Topf, Wok oder in einer Fritteuse auf etwa 160 °C erhitzen. Die Gemüse-Tempura-Teig-Mischung nochmals durchmengen, portionsweise in das heiße Öl geben und goldbraun frittieren. Mit einer Kelle entnehmen und auf ein mit Küchenpapier ausgelegtes Backblech geben. Im Ofen warm halten, bis das komplette Gemüse frittiert ist.

Fünf Den Avocadosalat auf Tellern anrichten und das Tempura-Gemüse daneben setzen. Erdnuss-Sauce und Sesamöl in kleinen Schälchen zum Dippen dazustellen.

MEAT & MORE

Da ich noch kein Vollblut-Veganer bin, esse ich hin und wieder Fleisch und Fisch. Wenn ich allerdings Fleisch kaufe, mache ich das im Bio-Supermarkt in meinem Stadtteil. Fisch kaufe ich ausschließlich beim Fischhändler meines Vertrauens und lege dabei besonderen Wert auf Herkunft und Fangmethode der Tiere.

HÜHNERBRUSTSTREIFEN MIT ZWIEBEL-NASHI-GEMÜSE

AUF AVOCADOSALAT UND ORANGENDRESSING

Geflügel und Obst geht immer! Diese Kombination ist new und auch sie ist so aromatisch, dass sie ab jetzt fast immer passt.

FÜR 2 PERSONEN

FÜR DIE HÜHNERBRUST

- 250 g frisches Bio-Hühnerbrustfilet
- 1 EL Sesamöl
- 5–10 g Ingwer, fein gehackt
- 1 EL Kokosessig
- 1 TL gekörnte Gemüsebrühe
- 50 ml Wasser

FÜR GEMÜSE UND SALAT

- 1 Nashi-Birne, in schmale Spalten geschnitten
- 50 g Zwiebel, geschält und gewürfelt
- 1 Avocado, geschält, entkernt und gewürfelt

FÜR DAS ORANGEN-DRESSING

- Saft von 1 Orange
- 2 EL geröstetes Sesamöl
- 1 TL Honig
- ½ TL Fünf-Gewürz-Mix (siehe Seite 140)

DEKO

- Korianderzweige
- Shisokresse

ZUBEREITUNG

Eins Zur Herstellung des Dressings alle Zutaten in ein geeignetes Gefäß geben und mit einem Mixstab kurz aufschäumen.

Zwei Die Hühnerbrustfilets in feine Streifen schneiden, in eine Pfanne geben, die restlichen Zutaten zufügen und bei großer Hitze unter Rühren braten, bis das Fleisch fast gar ist. Dann Birnenspalten und Zwiebelwürfel zugeben, nochmals 5 Minuten ebenfalls bei großer Hitze braten, zwischendurch immer wieder umrühren.

Drei Die Avocadowürfel in vorgewärmten tiefen Tellern anrichten, den Pfanneninhalt daneben geben und nach Belieben das Dressing über das Gericht träufeln. Mit Koriander und Shisokresse garnieren.

BUTTERFRUCHT DER AZTEKEN – AVOCADO

Der Avocadobaum gehört zur Gruppe der Lorbeergewächse und trägt handflächengroße grüne Früchte, die als Avocados in den Handel kommen. Die Heimat der Avocado ist Mexiko, wo sie schon vor 7000 Jahren im großen Stil kultiviert wurde. Wegen ihrer cremigen Konsistenz und der Nahrhaftigkeit nannten die Azteken die Avocado »Die Butter des Waldes«. Erst im 19. Jahrhundert trat die unscheinbare Frucht ihren Siegeszug um die Welt an, gelangte zuerst in alle tropischen Länder und später in den Mittelmeerraum.
Da ich als Kind immer etwas zu dünn war, achtete meine Oma darauf, dass ich regelmäßig eine halbe Avocado aß. Sie meinte, die grüne Frucht würde mich aufbauen und stärken. In der Regel entnahm sie der halben Avocado den Kern und füllte das entstandene Loch mit etwas Palmenhonig auf. So wurde aus der eher langweiligen Frucht eine süße Leckerei. Ich liebe Avocado und genieße sie gerne als Zwischenmahlzeit, heute jedoch ohne Honig, da ich auf meine Linie achte.

ANANAS-HUHN

MIT CURRYSAUCE UND BASMATIREIS

Die Verbindung von Huhn und Ananas ist in Asien ein Klassiker.
Die Zugabe von Curry unterstreicht den asiatischen Touch.

FÜR 2 PERSONEN

FÜR DEN REIS

- 150 g Basmatireis
- 300 ml Wasser
- ½ TL Speiseöl
- ¼ TL Meersalz

FÜR DAS HUHN

- 300 g frisches Bio-Hühnerbrustfilet
- 1 EL Sesamöl
- ¼ frische Ananas, gewürfelt (alternativ: 1 kleine Dose Ananaswürfel)
- 400 ml Kokosmilch

ZUM WÜRZEN

- 1 Zwiebel, geschält und fein gehackt
- 5–10 g Ingwer, fein gehackt
- 1 Knoblauchzehe, fein gehackt
- 1 EL Currypulver
- 1 TL braune Senfsaat (alternativ: Tafelsenf)
- ¼ TL Zucker
- 1 Gewürznelke, zerdrückt
- 1 Prise Kardamom, gemahlen
- 1 Prise Chilipulver
- 1 Prise Meersalz
- 1 Prise frisch gemahlener Pfeffer

DEKO

- Korianderblätter

ZUBEREITUNG

Eins Alle Zutaten für den Reis in einen Topf geben, unter Rühren aufkochen lassen und danach bei geringer Hitze abgedeckt 15–20 Minuten nach Packungsanleitung gar ziehen lassen.

Zwei In der Zwischenzeit das Hühnerfleisch in Würfel schneiden. Die Fleischwürfel sowie alle Zutaten zum Würzen in eine Schale geben, gut vermischen und 15 Minuten ziehen lassen.

Drei Sesamöl, Ananaswürfel und das marinierte Fleisch in eine Pfanne geben und unter Rühren anbraten, bis das Fleisch durchgegart ist. Mit Kokosmilch ablöschen und nochmals kurz nachgaren.

Vier Basmatireis und Fleischcurry auf vorgewärmten Tellern anrichten oder separat reichen, mit Korianderblättern garnieren und sofort servieren.

TIPP

Wenn ihr dieses Gericht mit frischer Ananas zubereitet, könnt ihr den Rest zu Obstsalat verarbeiten und anschließend als Dessert genießen.

VON DER KARIBIK IN DIE GANZE WELT – ANANAS

Die Ananas gehört zur Gruppe der Bromeliengewächse und ist in Mittelamerika sowie auf den karibischen Inseln heimisch. Christoph Kolumbus brachte die Ananas 1498 erstmals nach Spanien. Die Portugiesen nahmen die Frucht kurz darauf mit nach Indien, von wo aus sie sich im asiatischen Raum verbreitete. Heute wird Ananas in den meisten tropischen Ländern angebaut, Hauptexporteure sind Thailand und Brasilien.
Meine Oma sagte der Ananas eine heilende Wirkung nach und meinte, sie eigne sich gut als Bestandteil von Diäten. Ihrer Meinung nach könne die Ananas helfen, Fett abzubauen. Auf der anderen Seite riet sie mir, nie zu viel davon zu essen, da Übergenuss die Balance meines Körpers stören würde. Ich folge ihrem Rat und genieße die süße Frucht nur vollreif und nie im Übermaß.

HACKFLEISCH MIT CASHEWKERNEN

UND TOMATENGEMÜSE AUF COUSCOUS

Wollt ihr Hackfleisch im Asia-Style? Dann seid ihr mit diesem Gericht richtig cool unterwegs!

FÜR 2 PERSONEN

FÜR DAS COUSCOUS

- 2 Tassen Wasser
- 1 Tasse Couscous
- ½ TL Currypulver
- ½ TL Kurkuma, gemahlen
- ½ TL Kreuzkümmel, gemahlen
- 1 Msp. Asafoetida (Teufelsdreck)
- 1–2 Prisen Meersalz
- 1 EL Sesamöl

FÜR DAS HACKFLEISCH

- 250 g Bio-Rinderhack
- 1 EL Sesamöl

FÜR DAS GEMÜSE

- ½ Zwiebel, geschält und gewürfelt
- 1 Knoblauchzehe, geschält und fein gewürfelt
- 5 g Ingwer, fein gewürfelt
- 2 Frühlingszwiebeln, gehackt
- 20 g Cashewkerne

ZUM WÜRZEN

- 2 TL Tomatenmark
- 1 EL dunkle Sojasauce
- 1 Tomate, gewürfelt
- ¼ TL Chilipulver
- 1 Prise Meersalz
- frisch gemahlener Pfeffer

DEKO

- 2–4 glatte Petersilienblätter

ZUBEREITUNG

Eins Alle Zutaten für das Couscous in einen Topf geben und zum Kochen bringen, vom Herd nehmen und nach Packungsanleitung quellen lassen. Zwischendurch mehrmals umrühren.

Zwei Das Hackfleisch mit dem Sesamöl in einer Pfanne oder im Wok scharf anbraten und unter Rühren garen, bis es vollständig durchgebraten ist. Zwiebel, Knoblauch, Ingwer, Frühlingszwiebeln und Cashewkerne zugeben und bei starker Hitze 1–2 Minuten weitergaren. Zum Schluss alle Zutaten zum Würzen zufügen und bei mittlerer Hitze nochmals gut vermischen.

Drei Das Couscous auf vorgewärmten Tellern anrichten und die Hackfleischmischung daneben geben. Das Gericht mit Petersilienblättern garnieren und sofort servieren.

ALLZWECKWAFFE – KNOBLAUCH

Als Knoblauch bezeichnet man die Wurzelzwiebel der Knoblauchpflanze, die zur Gattung der Lauchgewächse gehört und ursprünglich aus den Steppengebieten Zentralasiens stammt. Knoblauch wird seit Jahrtausenden als Gewürz- und Heilpflanze genutzt. Schon beim Bau der Pyramiden vor 5000 Jahren wurde Knoblauch den Arbeitssklaven täglich zur Kräftigung und Stärkung verabreicht. Alten Überlieferungen zufolge weigerten sich die Sklaven zu arbeiten, wenn ihnen die Knoblauchration gekürzt wurde.
Meine Großmutter pries den Knoblauch als einzigartiges Gewürz, aber auch als Medizin gegen Krankheiten. Sie war der Überzeugung, der Knoblauch reinige das Blut des Menschen und mache es für Moskitos ungenießbar. So esse ich im Hochsommer regelmäßig frischen Knoblauch, habe kaum Mückenstiche, aber immer eine Doppelbank im Bus für mich allein.

GEBRATENE RINDFLEISCHSTREIFEN

MIT AUBERGINEN-ZWIEBEL-GEMÜSE UND ORANGENSAUCE

Rind und Orange vertragen sich in diesem Rezept prächtig. Die Gemüsebeilage schmiegt sich geschmacklich perfekt an.

FÜR 2 PERSONEN

FÜR DIE AUBERGINE

- 1 Aubergine, gewürfelt
- 1 EL Sesamöl

FÜR DAS FLEISCH

- 200 g Bio-Rindfleisch aus der Hüfte, in dünne Streifen geschnitten
- 1 EL Sesamöl
- 5–10 g Ingwer, fein gehackt
- 1 Zwiebel, geschält und gehackt
- 100 ml Wasser

ZUM WÜRZEN

- 1 EL dunkle Sojasauce
- Saft von ½ Orange
- 1 EL Kokospulver
- 1 EL Sesamöl, geröstet
- 1 TL Currypulver
- 1 Knoblauchzehe, geschält und fein gehackt
- 1 Prise Zucker
- 1 Prise Chilipulver
- 1 Prise Meersalz
- frisch gemahlener Pfeffer

DEKO

- Korianderzweige

ZUBEREITUNG

Eins Zuerst Auberginenwürfel und Sesamöl in eine heiße Pfanne oder einen Wok geben und 4–5 Minuten bei hoher Hitze unter Rühren durchbraten. Dann die Gemüsewürfel entnehmen und auf Küchenpapier zur Seite stellen.

Zwei Alle Zutaten für das Fleisch in die heiße Pfanne oder den Wok geben und 3–4 Minuten unter Rühren durchbraten, bis das Fleisch gar ist. Anschließend alle Zutaten zum Würzen sowie die Auberginenwürfel dazugeben und alles nochmals 1–2 Minuten unter Rühren garen. Das Gargut entnehmen, in vorgewärmten Schüsseln anrichten und mit Korianderblättern garnieren. Wer mag, kann dazu Reis in warmen Schälchen reichen.

SCHÄRFE IN SCHOTEN – CHILI

Die Chilischote ist die scharfe Frucht der krautartigen Paprikapflanze, einem Nachtschattengewächs aus dem Dschungel Südbrasiliens. Ausgrabungen in Mexiko bestätigten, dass die dortigen Ureinwohner schon vor über 7000 Jahren Chilischoten nutzten, um ihre Speisen mit der nötigen Schärfe zu versehen.
Kolumbus brachte die ersten Chilischoten 1492 nach Spanien, wo sie sich schnell als Gewürz einbürgerten. Als die Chilischote nach Asien gelangte, verdrängte sie hier schnell Pfeffer und Ingwer als Scharfmacher in Speisen.
Meine Oma trocknete die roten Chilischoten immer einige Tage in der Sonne hinter dem Haus, bevor sie diese im Gewürzregal ihrer Küche verstaute. Fast alles, was bei ihr auf den Tisch kam, enthielt Chili. Sie meinte, die Schärfe sei gesund und halte Krankheiten fern.
In vielen Gerichten, die ich heute zubereite, verwende ich gerne frische oder getrocknete Chilis. Wenn ihr die Schärfe frischer Chilis etwas reduzieren möchtet, entfernt einfach die Kerne und die hellen Häutchen aus der Schote.

POCHIERTER WILDLACHS

MIT PAPAYA-KARTOFFEL-PÜREE

Wildlachs wird low & slow mit Limette und Tandoori aromatisiert. Das Püree dazu ist der Burner!

FÜR 2 PERSONEN

FÜR DAS PAPAYA-KARTOFFEL-PÜREE

- 150 g Kartoffeln, geschält und gewürfelt
- 300 g Papaya, geschält, entkernt und gewürfelt
- 1 TL Kurkuma, gemahlen

FÜR DEN LACHS

- 400 ml Wasser
- 2 EL Tandooripulver
- 1 EL Kaffirlimettenblattpulver
- 10 Limettenblätter
- ½ Bio-Limette in Scheiben geschnitten
- 1 TL Sesamöl
- ½ TL gekörnte Gemüsebrühe
- ½ TL brauner Zucker
- 300 g Wildlachsfilet

ZUM WÜRZEN

- ½ TL Currypulver
- ½ TL brauner Zucker
- 5–10 g Ingwer, fein gehackt
- 1 EL geröstetes Sesamöl
- 2 TL Kokosessig
- ½ TL gekörnte Gemüsebrühe

DEKO

- Limettenblätter
- Korianderzweige

ZUBEREITUNG

Eins Für das Papaya-Kartoffel-Püree die Kartoffelwürfel in einem Topf mit 300 ml Wasser zum Kochen bringen und etwa 15 Minuten bei starker Hitze garen. Parallel dazu zuerst alle Zutaten für den Lachs, bis auf den Fisch selbst, in einen zweiten, geeigneten Topf geben und erhitzen.

Zwei In der Zwischenzeit die Fischfilets waschen, mit Küchenpapier abtupfen und in den Sud legen, sobald dieser kocht. Dann die Temperatur des Suds auf geringe Hitze herunterschalten und den Fisch unter dem Siedepunkt (80 °C) 8–10 Minuten langsam pochieren.

Drei Dann die Papayawürfel sowie die Kurkuma zu den Kartoffelwürfeln in den Topf geben und alles nochmals 6–8 Minuten intensiv kochen. Anschließend durch ein Sieb abgießen, gut abtropfen lassen und in den Topf zurückgeben. Alle Zutaten zum Würzen dazugeben und mit einem Kartoffelstampfer zerdrücken.

Vier Das Püree auf vorgewärmten tiefen Tellern anrichten, das Fischfilet aus dem Sud nehmen und auf die Kartoffelmasse legen. Mit Limettenblättern und Koriander garnieren.

GEWÜRZMISCHUNG MIT PFIFF – TANDOORI

In Indien wird Geflügelfleisch nach dem Marinieren traditionell in einem Holzkohleofen mit dem Namen »Tandur« gegart. Dieser Ofen scheint maßgeblich zur Namensgebung der Tandoori-Gewürzmischung beigetragen zu haben.
Die klassische Tandoori-Mischung besteht aus Chili, Knoblauch, Kreuzkümmel, Koriander, Salz, Safran, Zwiebel, Ingwer und Zitronensaft. Die Mischung ist als Fertigpulver in jedem asiatischen Lebensmittelgeschäft erhältlich, ihre rote Farbe wird häufig durch den Zusatz von Lebensmittelfarbe hervorgerufen.
Ich nutze Tandooripulver gerne klassisch zur Verfeinerung von Geflügelgerichten, die ich im Ofen gare, um den typischen Geschmack und die markante Farbgebung zu erreichen. Seit Neuestem setze ich das rote Pulver auch beim Garen von Fisch und anderen hellen Fleischsorten ein, um auch hier einen neuen geschmacklichen Akzent zu setzen.

POT-AU-FEU

VON SEELACHS, MANGOLD UND REISNUDELN

»Pot-au-feu« kommt aus Frankreich und steht für simple Zutaten, die lecker in einem Topf gegart und direkt genossen werden. Selbstverständlich gibt's eine asiatische Version!

FÜR 2 PERSONEN

FÜR DIE GLASNUDELN

- 100 g Reisnudeln

FÜR DEN LACHS

- 300 g Alaska-Seelachs

FÜR DAS GEMÜSE

- 3 EL Sesamöl
- ½ rote Paprika, in mundgerechte Stücke geschnitten
- 100 g Chinakohl, in mundgerechte Stücke geschnitten
- 100 g Mangold, in mundgerechte Stücke geschnitten
- 1 Frühlingszwiebel, in mundgerechte Stücke geschnitten
- 50 g Schalotten, geschält und fein gehackt
- 1 Knoblauchzehe, fein gehackt
- 1 Chilischote, entstielt und entkernt

ZUM WÜRZEN

- 150 ml Gemüsebrühe
- 4 EL Sojasauce
- 2 Sternanis
- ½ TL brauner Zucker
- frisch gemahlener Pfeffer

DEKO

- 2 Dillzweige

ZUBEREITUNG

Eins Zuerst einen Topf mit 500 ml Wasser aufsetzen und zum Kochen bringen, dann die Reisnudeln zugeben. Den Topf vom Herd nehmen und die Reisnudeln 10 Minuten darin ziehen lassen. Die Nudeln danach aus dem Wasserbad nehmen und beiseitestellen.

Zwei Den küchenfertigen Seelachs abtupfen, in grobe Stücke schneiden und auf Küchenpapier bereitstellen.

Drei Eine Pfanne oder einen Wok auf den Herd stellen und das Sesamöl darin erhitzen. Die Zutaten für das Gemüse zugeben und 2 Minuten scharf anbraten.

Vier Anschließend die Zutaten zum Würzen zugeben und bei geringer Hitze 2 Minuten garen. Den Seelachs hineingeben und 3–4 Minuten weitergaren. Die Reisnudeln untermischen und bei Bedarf noch etwas Gemüsebrühe nachgießen. Den Dill zupfen, den Pot-au-feu in vorgewärmte Schalen füllen und mit dem Dill garnieren.

ABHILFE BEI KNOBLAUCHGERUCH – STERNANIS

Als Sternanis bezeichnet man die sternartig geformten Früchte des immergrünen Sternanisbaumes, der bis zu 20 m hoch werden kann und in den tropischen Wäldern Asiens beheimatet ist. Der Sternanis ist mit dem in Europa heimischen Anis nicht verwandt, schmeckt jedoch fast gleich und löst den europäischen Anis zunehmend ab. Sternanis wird in Asien seit Jahrtausenden als Gewürz- und Heilpflanze genutzt.

Meistens gab meine Oma Sternanispulver zu intensiv gewürzten Speisen, um den Geruch von Knoblauch und Zwiebeln etwas zu reduzieren. Außerdem meinte sie, dass Sternanis beruhigend auf das Nervensystem wirke und gut gegen Erkältungen sei. Wenn ich nach dem Genuss von Knoblauch Geschäftstermine habe, kaue ich anschließend immer auf etwas Sternanis, um meinen Knoblauchatem etwas abzumildern.

KABELJAUFILET

MIT ZWIEBEL-KOKOS-CURRY UND VOLLKORNREIS

Ein klassisches Fischcurry aus Sri Lanka.
Ach ja, der Fisch kommt aus nördlichen Breiten!

FÜR 2 PERSONEN

FÜR DEN REIS

- 150 g Vollkornreis
- 300 ml Wasser
- 1 Prise Meersalz
- 1 TL Maiskeimöl

FÜR DEN FISCH

- 300 g Kabeljaufilet (küchenfertig)
- 1 Zwiebel, geschält und fein gehackt
- 5 g Ingwer, fein gehackt
- 1 Knoblauchzehe, geschält und fein gehackt
- 1 EL Currypulver
- 1–2 EL Maiskeimöl
- 200 ml Kokosmilch
- Saft von ½ Limette
- ¼ TL Garam masala
- Meersalz
- frisch gemahlener Pfeffer

DEKO

- 2 Frühlingszwiebeln
- Chilipulver
- Korianderblätter
- violette Basilikumblätter

ZUBEREITUNG

Eins Zuerst den Reis in einem Topf mit den restlichen Zutaten zum Kochen bringen und nach Packungsanleitung garen. Sobald das Reiswasser verdampft ist, den Reis vom Herd nehmen und bis zum Servieren ruhen lassen.

Zwei In der Zwischenzeit den Fisch in 2 gleich große Stücke schneiden und auf Küchenpapier bereitstellen. Anschließend Zwiebel, Ingwer, Knoblauch und Currypulver mit dem Öl in einer Pfanne oder im Wok kräftig anbraten. Mit Kokosmilch und Limettensaft ablöschen und dann die Fischstücke zufügen. Alles bei mittlerer Hitze etwa 10 Minuten schonend garen. Zum Schluss Garam masala unterrühren, mit Salz und Pfeffer nach Belieben abschmecken und vom Herd nehmen. Nur den grünen Teil der Frühlingszwiebeln fein hacken.

Drei Das Curry in vorgewärmten Schalen anrichten und mit Frühlingszwiebeln und Chilipulver bestreuen. Nach Wunsch zusätzlich mit Koriander und Basilikum dekorieren. Den Reis dazugeben und servieren.

AUS KOKOSFRUCHTFLEISCH ERZEUGT – KOKOSMILCH

Kokosmilch ist kein Kokoswasser und stammt nicht direkt aus der Kokosnuss, sondern wird mechanisch hergestellt. Das Fruchtfleisch wird dazu püriert, mit Wasser vermischt und anschließend durch ein feines Sieb gepresst. Es entsteht die aromatische, weiße Kokosmilch mit einem Fettgehalt von 15–25 %. In der Regel kommt die Kokosmilch in Konserven, im Tetrapak oder als getrocknetes Instant-Pulver in den Handel.
Wenn meine Oma von Kokosmilch sprach, dann meinte sie eigentlich Kokoswasser aus frisch geernteten Kokosnüssen. Zur Herstellung ihrer Kokosmilch für Currys verwendete sie stets frisches Kokoswasser, das sie durch Kochen reduzierte und durch Zugabe von etwas Reismehl und anderen Zutaten leicht verdickte. Meine Großmutter meinte, Kokosmilch sei sehr gesund und enthalte fast alles, was der Mensch zum Leben braucht. Ich verwende in meinem Haushalt Kokosmilch aus Dosen und achte darauf, dass sie keine Konservierungsstoffe oder andere künstliche Zusätze enthält.

ZITRONEN-ROTBARSCH

AUF KAPERN-BUTTER MIT BASMATIREIS

Fisch trifft auf Zitrone und Kapern. Eine ganz schrille Nummer, aber mega-lecker!

FÜR 2 PERSONEN

FÜR DEN REIS

- 1 EL Maiskeimöl
- 1 Tasse Basmatireis
- 1 Prise Meersalz

FÜR DIE KAPERN-BUTTER

- Saft und Abrieb von ½ Bio-Zitrone
- 80 g Butter
- 1 EL Kapern
- 1 Prise Zucker
- 1 Prise Meersalz
- frisch gemahlener Pfeffer

FÜR DEN ROTBARSCH

- 2 Rotbarschfilets
- 1 EL Maiskeimöl
- 1 Prise Meersalz
- 1 Prise frisch gemahlener Pfeffer

DEKO

- 2 Dillzweige

ZUBEREITUNG

Eins Einen Topf mit Maiskeimöl erhitzen, den Basmatireis zugeben, leicht anrösten und mit Wasser ablöschen. Dann das Salz zugeben, einmal aufkochen lassen und nach Packungsanleitung kochen. Zwischendurch umrühren, damit der Reis nicht anbrennt. Sobald das Wasser verdampft ist, den Topf vom Herd nehmen und ruhen lassen, damit der Basmatireis sein volles Aroma entfalten kann.

Zwei In der Zwischenzeit für die Kapernbutter in einem kleinen Topf Zitronensaft und -abrieb leicht erwärmen, dann Butter und Kapern zugeben und mit Zucker, Salz sowie Pfeffer nach Belieben abschmecken. Das Ganze nur warm halten, es sollte nicht kochen.

Drei Die Rotbarschfilets in eine Pfanne mit heißem Maiskeimöl geben und bei mittlerer Hitze von beiden Seiten gut anbraten, bis sie gar sind. Vorsicht, beim Wenden kann das Filet auseinanderfallen! Abschließend mit Salz und Pfeffer abschmecken.

Vier Den Basmatireis auf vorgewärmten Tellern zu einem Nest anrichten. In die Mitte jeweils ein Rotbarschfilet legen und die Kapernbutter vorsichtig darübergießen. Vor dem Servieren den Dill zupfen und das Gericht damit garnieren.

TIPP

Wenn ihr keinen frischen Rotbarsch zur Hand habt, könnt ihr gern tiefgefrorene Filets verwenden. Solltet ihr dieses Gericht als Zwischengang einplanen, lasst den Reis einfach weg.

ROTER BARSCH AUS KALTER TIEFSEE – ROTBARSCH

Der Rotbarsch ist ein Rundfisch aus der Familie der Barsche und lebt in großen Schwärmen, die die kalten Tiefgewässer des Nordatlantiks durchziehen. Wenn ich mal keinen Seelachs bekomme, weiche ich gern auf Rotbarsch aus. Seine Bestände gelten als noch nicht überfischt und werden durch Bestimmungen geschützt.

GEBRATENE TINTENFISCHRINGE

AUF WOK-GEMÜSE MIT ZITRONENMELISSE

Calamares à la Saliya aus dem Wok.
Schnell & köstlich!

FÜR 2 PERSONEN

FÜR DIE TINTENFISCHRINGE

- 250 g Tintenfischtuben (küchenfertig)
- 2 TL Sesamöl
- Meersalz
- frisch gemahlener Pfeffer
- Saft von 1 Limette

FÜR DAS GEMÜSE

- 1 rote Paprika, in Streifen geschnitten
- 130 g Zuckerschoten, geputzt
- 2–4 Frühlingszwiebeln, fein geschnitten
- 125 g Mungbohnensprossen
- 2 EL Sesamöl

ZUM WÜRZEN

- 1 EL dunkle Sojasauce
- 1 Knoblauchzehe, geschält und fein gehackt
- 5 g Ingwer, fein gehackt
- ½ TL Kokosessig
- 1 Prise brauner Zucker
- 1 Prise frisch gemahlener Pfeffer

DEKO

- 1 Zitronenmelissezweig, gezupft

ZUBEREITUNG

Eins Die Tintenfischtuben abwaschen, trocken tupfen und in Ringe schneiden. Eine Pfanne und einen Wok auf dem Herd mit Sesamöl vorheizen.

Zwei Im Wok zunächst die Paprikastreifen 2 Minuten garen. Dann die Zuckerschoten und Frühlingszwiebeln zugeben und unter Rühren weitere 2 Minuten bei hoher Hitze garen. Anschließend die Sprossen zugeben und nochmals 60–90 Sekunden unter Rühren braten. Die Zutaten zum Würzen zugeben und bei Bedarf nachwürzen.

Drei Gleichzeitig in der zweiten Pfanne die Tintenfischringe 4–6 Minuten unter Wenden durchbraten. Mit Salz und Pfeffer nach Belieben abschmecken und zuletzt vorsichtig den Limettensaft über den Tintenfisch geben. Das Gemüse in vorgewärmten Schalen anrichten und die Tintenfischringe daraufgeben, dann mit Zitronenmelisse garnieren. Wird Reis dazu gereicht, diesen ebenfalls in vorgewärmte Schälchen geben.

TIPP

Wenn ihr dieses Gericht als größere Mahlzeit plant, könnt ihr gern etwas Duftreis dazu reichen. Habt ihr gerade keinen frischen Tintenfisch zur Verfügung, nehmt einfach Tintenfischtuben aus der Tiefkühlabteilung.

WEICHTIER AUS MEERESTIEFEN – TINTENFISCH

Tintenfische, auch Kalmare genannt, gehören zu Gattung der Kopffüßler. Kalmare haben einen 15–40 cm langen Körper (Tube), an dessen Kopf sich Augen und zehn Tentakel mit Saugnäpfen befinden. Tintenfische besitzen weder Knochen noch Gräten und bewohnen die Tiefen der Weltmeere, die sie in Schwärmen durchziehen. Der Name »Tintenfisch« kommt von einem Beutel mit schwarzer Farbe, den die Tiere im Körperinneren tragen und bei Gefahr in einer Wolke ausstoßen können, um Angreifer abzuwehren. In Italien wird die Tinte der Weichtiere zum Schwarzfärben von Pasta genutzt. Ich mag Tintenfisch sehr, da er sich schnell braten lässt und zu vielen asiatischen Gemüsebeilagen passt.

SATÉ VON MARINIERTEN RIESENGARNELEN

MIT MANGO-CHILI-DIP

Dieses Saté eignet sich auch richtig gut für Barbecues und Grill-Events. Have fun!

FÜR 2 PERSONEN

FÜR DIE SPIESSE

- 20 Bio-Riesengarnelen (küchenfertig, geschält und entdarmt)
- 100 ml Sesamöl
- 2–3 EL Reiswein, trockener Sherry oder Weißwein
- 5–10 g Ingwer, fein gehackt
- 1 Knoblauchzehe, geschält und gewürfelt
- ½ Bund Minze, fein gehackt
- 1 EL Bio-Limettenabrieb
- 1 Prise Meersalz
- 1 Prise frisch gemahlener Pfeffer
- 1 Prise Zucker
- Holz- oder Bambusspieße
- Maiskeimöl

FÜR DEN DIP

- 1 reife Mango
- ½ rote Chilischote, entstielt und entkernt
- 1 TL Kokosessig (alternativ: Weißweinessig)
- 10 Safranfäden
- Saft von ½ Orange
- Saft von ½ Limette
- 1 Prise Meersalz
- 1 Prise Zucker

ZUBEREITUNG

Eins Alle Zutaten für die Spieße in eine Schüssel geben und gut vermengen. Darauf achten, dass das Mariniergut vollständig bedeckt ist. Ansonsten noch etwas Öl nachgießen. Die Schüssel bedecken und einen Tag im Kühlschrank lagern.

Zwei Für den Dip die Mango schälen und das Fleisch mit einem Messer vom Kern abschneiden. Das Fruchtfleisch mit den restlichen Zutaten in einen Mixer geben, pürieren und nach Belieben abschmecken. Je 2 Garnelen auf die Spieße stecken und in einer heißen Pfanne mit etwas Öl von beiden Seiten durchbraten, bis das Fleisch fest und rosa ist. Die Spieße auf vorgewärmten Tellern servieren und den Dip in kleinen Schälchen dazu reichen.

AUF DIE HERKUNFT KOMMT ES AN – RIESENGARNELEN

Riesengarnelen sind in Grundnähe lebende Krebstiere, die bis zu 20 cm lang werden können, frei schwimmen und in warmen Küstengewässern vorkommen. Das Fleisch der Riesengarnele ist fest und sehr wohlschmeckend. Die handelsüblichen Riesengarnelen (Tiger Prawns), die meist geschält und tiefgefroren angeboten werden, stammen in der Regel aus Garnelenzuchten in Thailand, Indonesien oder Ecuador.
Da in der letzten Zeit in Zuchtgarnelen immer wieder Antibiotika nachgewiesen wurden, kaufe ich entweder Riesengarnelen mit einem Bio-Siegel oder mit dem Hinweis auf Wildfang.

DRINKS & SWEETS

Kleine Mahlzeiten durch gehaltvolle Drinks zu ersetzen ist trendy geworden. Am coolsten ist es, sich die Getränke selbst herzustellen, das kostet wenig Zeit und verspricht mehr Vitamine! In diesem Kapitel findet ihr deshalb Breakfast-Shots, Lassis, Smoothies und ein paar leichte asiatische Desserts zum Ausklang eines leckeren Essens.

ERDBEER-VANILLE-MANDEL-DRINK

MIT LIMETTE

Erdbeeren und Vanille gehören einfach zusammen.
Die Mandeln übernehmen den köstlichen Rest! (Bild links)

FÜR 2 PERSONEN

ZUTATEN

- 180 g frische Erdbeeren
- 1 Vanilleschote
- 200 ml Vollmilch
- 100 g Sahne
- 2 EL Magerquark
- 3 EL Mandelblättchen
- Saft von ½ Limette
- Agavendicksaft

ZUBEREITUNG

Die Erdbeeren waschen und abtrocknen. Dann putzen und in einen Standmixer geben. Die Vanilleschote mit einem Messer anschneiden, das Mark mit einem Messer herausschaben und zu den Erdbeeren geben. Die restlichen Zutaten zufügen, mixen und, wenn nötig, mit Agavendicksaft nachsüßen. Dann nochmals mixen. In schicke Gläser füllen. Wer mag, kann jeweils eine halbierte Erdbeere einschneiden und als Dekor an den Glasrand stecken.

MATCHA-JOGHURT-SHAKE

MIT BANANE

Die grüne Trink-Banane, die es in sich hat.
Der Matcha-Tee gibt dem Drink Farbe und Kick.

FÜR 2 PERSONEN

ZUTATEN

- 1 Vanilleschote (alternativ: 2 Tropfen Vanillearoma)
- 1 reife Banane
- 300 ml Vollmilch (alternativ: Sojamilch)
- 2–4 EL Naturjoghurt (alternativ: Sojajoghurt)
- 2 TL Matchapulver

ZUBEREITUNG

Die Vanilleschote mit einem Messer anschneiden und das Mark mit einem Messer herausschaben, dann in einen Standmixer geben. Die Banane schälen, in Stücke schneiden und mit den restlichen Zutaten im Mixer pürieren. In Gläser abfüllen und sofort genießen.

SCHOKO-JOGHURT-DRINK

MIT MINZE

Dieser Drink ist etwas für echte Minze-Fans. Der Kakao verleiht diesem süßen Kraftpaket den richtigen Schoko-Drive! (Bild links)

FÜR 2 PERSONEN

ZUTATEN

- 2 EL Zartbitterschokolade
- 150–200 g Minzezweige
- 200 ml Vollmilch
- 100 g Sahne
- 4 EL Naturjoghurt
- 4 EL zarte Haferflocken
- 1 TL Rohkakaopulver
- 1 TL Agavendicksaft

ZUBEREITUNG

Zuerst die Zartbitterschokolade über einer Schüssel raspeln. Dann die Minze waschen, zupfen und auf Küchenpapier abtropfen lassen. Die restlichen Zutaten in einen Standmixer geben, Minze und Schokoladenraspel zufügen und gut mixen. Den Shake in Gläser füllen und mit einigen Haferflocken garnieren.

SHARONFRUCHT-HEIDELBEER-SHAKE

MIT KAPSTACHELBEEREN

Wenn ihr's süßlich-herb mögt, kommt ihr jetzt auf eure Kosten!

FÜR 2 PERSONEN

ZUTATEN

- 1 Sharonfrucht
- 100 g Heidelbeeren
- 6 Kapstachelbeeren (Physalis)
- 200 ml Vollmilch
- 2 EL Naturjoghurt

DEKO

- 2 Kapstachelbeeren

ZUBEREITUNG

Die Sharonfrucht entstielen, schälen, halbieren und würfeln. Dann die Heidelbeeren waschen und auf Küchenpapier abtrocknen. Die Kapstachelbeeren von der hellbraunen Schutzhaut befreien und mit den anderen Früchten in den Mixer geben. Mit Milch und Joghurt auffüllen und gut mixen. Den Drink in schicke Bargläser abfüllen, mit den Kapstachelbeeren garnieren und genießen.

PIÑA-COLADA-SHAKE

MIT KOKOS UND LIMETTE

Ananas und Kokos passt immer und geht selbstverständlich auch als Breakfast-Drink durch. Ganz klare Sache! (Bild links)

VEGAN

FÜR 2 PERSONEN

ZUTATEN

- 250 g reife Ananas
- 100 ml cremige Kokosmilch
- 2 EL Kokosraspel
- Saft von 1 Limette
- Agavendicksaft

ZUBEREITUNG

Eins Zuerst die Ananas vom Grün befreien, dann das untere Ende fingerdick abschneiden, sodass die Ananas auf der Arbeitsplatte stehen kann. Jetzt die Ananas mit einem großen Messer von oben nach unten von der Schale befreien und halbieren. Die Hälften nochmals halbieren und den Strunk mit einem kleinen scharfen Messer von oben nach unten herausschneiden.

Zwei Die Ananasviertel würfeln, mit den anderen Zutaten in einen Standmixer geben und pürieren.

Drei Den Shake nach Belieben mit Agavendicksaft nachsüßen, in Bargläser abfüllen. Wer mag, dekoriert die Gläser mit zusätzlichen Ananasstücken.

ORANGEN-MANGO-KOKOSNEKTAR

MIT INGWER

Das kulinarische Yoga-Erlebnis für euren Gaumen am Morgen. Einfach wundervoll!

VEGAN

FÜR 2 PERSONEN

ZUTATEN

- 1 reife Mango
- Saft von 2 Orangen
- ½ TL Ingwer, gehackt
- 200 ml Kokoswasser
- Agavendicksaft

ZUBEREITUNG

Die Mango schälen, das Fruchtfleisch mit einem Messer vom Stein trennen und würfeln. Die Orangen halbieren und auspressen. Mangostücke, Orangensaft sowie die restlichen Zutaten in einen Standmixer geben und mixen. Nach Belieben mit Agavendicksaft nachsüßen und servieren.

BLUEBERRY-LASSI

MIT JOGHURT

Recht mitteleuropäisch, kommt aber immer wieder gut an. (Bild links)

FÜR 2 PERSONEN

ZUTATEN

- 200 g Heidelbeeren
- 200 g Naturjoghurt (alternativ: Sojajoghurt)
- 1–2 TL brauner Rohrzucker (alternativ: Ahornsirup oder Agavendicksaft)
- 1 Schuss stilles Wasser (alternativ: Crushed-Eis)

ZUBEREITUNG

Die Heidelbeeren waschen, abtropfen lassen und mit den restlichen Zutaten in einen Standmixer geben. Mixen, dann in vorgekühlte Bargläser abfüllen und nach Belieben mit einem Minzeblatt garnieren.

MELONEN-MINZE-LASSI

MIT AVOCADO

Besonders lecker im Sommer!

FÜR 2 PERSONEN

ZUTATEN

- 500 g Honigmelone
- 1 reife Avocado
- 1 Handvoll Minzeblätter
- 1 Prise brauner Rohrzucker (alternativ: Agavendicksaft)
- Saft von ½ Limette
- 150 g Naturjoghurt, (alternativ: Sojajoghurt)

DEKO

- 2 Kiwischeiben

ZUBEREITUNG

Eins Zuerst die Honigmelone halbieren, die Kerne mit einem Löffel herausstreichen, das Fruchtfleisch von der Schale lösen und würfeln. Die Avocado mit einem Messer bis auf den Kern einschneiden, das Messer einmal um die ganze Frucht führen und dann die beiden Hälften gegeneinander drehen. Den Kern mit einem Löffel auslösen und dann das Fruchtfleisch mit einem Löffel herausschaben. Die Minzeblätter waschen und abtrocknen.

Zwei Melonenstücke, Avocado, Minzeblätter, Zucker, Limettensaft und Joghurt in den Mixer geben und pürieren. Den Lassi abfüllen und mit den Kiwischeiben garnieren.

SCHWARZWÄLDER KIRSCH-LASSI

MIT KAKAONOTE

Echt abgefahren! Eine Torte zum Trinken! (Bild links)

FÜR 2 PERSONEN

ZUTATEN

- 150 g Sauerkirschen (Glas)
- 100 g Naturjoghurt (alternativ: Sojajoghurt)
- 100 ml Vollmilch (alternativ: Sojamilch)
- 100 g Sahne (alternativ: Sojasahne)
- 1 EL Kakaopulver (nicht entölt)
- 2–4 EL Crushed-Eis

DEKO

- 1 TL Bitterschokoladenraspel

ZUBEREITUNG

Die Sauerkirschen und etwas von ihrem Saft in einen Standmixer geben. Dann die restlichen Zutaten nacheinander in den Mixer geben und pürieren. In vorgekühlte Cocktailgläser füllen und mit Schokoladenraspeln und etwas Kakaopulver nach Belieben bestreuen.

ROTE-GRÜTZE-LASSI

MIT ZITRONENMELISSE

Norddeutscher Freestyle ist angesagt!

FÜR 2 PERSONEN

ZUTATEN

- 200 g Rote-Grütze-Mischung
- 200 g Naturjoghurt (alternativ: Sojajoghurt)
- 1–2 TL brauner Rohrzucker (alternativ: Ahornsirup)
- 1 Schuss stilles Wasser

DEKO

- 2–4 Zitronenmelisseblätter

ZUBEREITUNG

Die Rote-Grütze-Mischung (gerne tiefgekühlt und aufgetaut) in ein Sieb geben und gut abtropfen lassen. Mit den restlichen Zutaten in einen Standmixer geben und pürieren. In vorgekühlte Cocktailgläser füllen und mit Zitronenmelisse garnieren.

BOA-SMOOTHIE

MIT BANANE, ORANGE UND APFEL

»BOA« steht nicht für Schlange, sondern für die Frucht-Kombi aus Banane, Orange und Apfel. (Bild links)

VEGAN

FÜR 2 PERSONEN

ZUTATEN

- 3 Saftorangen
- 1 Apfel
- 1 Banane
- 6–8 Eiswürfel

ZUBEREITUNG

Zuerst die Saftorangen auspressen und den Saft in einen Standmixer füllen. Dann den Apfel waschen, abtrocknen, vierteln, das Kerngehäuse entfernen und die Viertel würfeln. Die Banane schälen und in Scheiben schneiden. Apfelstücke, Bananenscheiben und das Eis in den Mixer geben und pürieren. Den Drink in coole Bargläser füllen und genießen.

GREEN-DELUXE-SMOOTHIE

MIT BABYSPINAT

Wenn grünes Gemüse auf Kiwi trifft, dann wird's der Knaller!

VEGAN

FÜR 2 PERSONEN

ZUTATEN

- 50 g Babyspinat
- 200 g Bio-Salatgurke
- 1 reife Kiwi
- 10 Minzeblätter
- 200 ml Bio-Apfelsaft
- 2–4 Eiswürfel

ZUBEREITUNG

Den Babyspinat waschen und gut abtropfen lassen. Die Salatgurke waschen, abtrocknen, halbieren und in Scheiben schneiden. (Wenn ihr die Schale der Gurke nicht mögt, könnt ihr sie gern abschälen.) Dann die Kiwi mit einem Sparschäler schälen, halbieren, den Stielansatz herausschneiden und anschließend in Scheiben schneiden. Zuletzt die Minzeblätter waschen und auf Küchenpapier abtrocknen. Alles in einen Standmixer füllen, den Apfelsaft sowie die Eiswürfel dazugeben und pürieren. Den Smoothie in vorgekühlten Bargläsern servieren.

LIMETTEN-ORANGEN-GELEE

MIT FRISCHER MINZE

Die Zitrusfrische zum Löffeln. Fruchtig süß mit etwas Sauer macht schließlich auch lustig!

VEGAN

FÜR 2 PERSONEN

ZUTATEN

- 2–3 kernlose Orangen
- Saft von 1 Limette
- 20 Minzeblätter
- 1 TL Olivenöl
- 1 ½ EL brauner Rohrzucker (alternativ: Ahornsirup oder Agavendicksaft)
- 2 g Guarkernmehl

ZUBEREITUNG

Eins Die Orangen halbieren und in einer Saftpresse auspressen. Es sollte etwa 200 ml Saft entstehen. Den Saft in eine Schale geben und das Fruchtfleisch hinzufügen. Die Limette halbieren, entkernen, auspressen und den Saft sowie das Fruchtfleisch zum Orangensaft geben.

Zwei Minzeblätter, Olivenöl sowie Zucker in die Saftmischung geben und in einem Standmixer pürieren. Die Mischung probieren und bei Bedarf etwas nachzuckern. Das Guarkernmehl langsam einstreuen und behutsam 10 Sekunden nachmixen, bis die Mischung eine cremige Konsistenz angenommen hat. Die Fruchtcreme in Dessertschalen füllen und servieren. Im Sommer schmeckt das Dessert leicht gekühlt am besten.

HÜLSENFRUCHT MIT BINDEKRAFT – GUARBOHNE

Guarbohnen sind die Samen des Guarstrauchs, der zur Familie der Hülsenfrüchte zählt und in Indien und Pakistan heimisch ist. Die Blätter des Guars werden in Indien als Gemüse gegessen, während die gesamte Pflanze in zerkleinerter Form als Viehfutter dient. Die in den Hülsen steckenden Samen des Guars werden zunächst von Kapselschichten und Keimling befreit, bevor sie zu Guarkernmehl vermahlen werden.
Ich benutze Guarkernmehl gern zur Bindung von Saucen, Suppen und Desserts. So kann ein Gramm des Bohnenmehls bereits 100 ml Wasser binden. Ich schätze den niedrigen Kaloriengehalt von Guarkernmehl und sehe in ihm eine echte Alternative zu Bindemitteln aus Getreide oder Geliermitteln tierischen Ursprungs.

HALBIERTE WILLIAMS-CHRIST-BIRNEN

IN ZIMT-ORANGEN-SUD MIT VANILLESCHAUM UND MINZE

Mein letztes Wort in Sachen Dessert. Wenn nichts mehr reingeht – bei diesem Dessert kann ich nie nein sagen!

FÜR 2 PERSONEN

FÜR DIE BIRNEN

- 2 reife feste Birnen
- Saft von 3 Bio-Orangen
- 2 TL Bio-Orangenabrieb
- 1 TL Zimtpulver
- 2 EL Rosinen
- 1 EL brauner Zucker

FÜR DEN VANILLE-SCHAUM

- ½ Vanilleschote
- 1 EL Zucker
- 250 g Sahne
- 1 Tüte Sahnesteif

DEKO

- 2 Minzezweige (nach Belieben)

ZUBEREITUNG

Eins Zuerst das Kerngehäuse der Birnen ausstechen, dann die Früchte schälen und halbieren. Die Orangen halbieren, auspressen und den Saft in einen Topf geben. Die Birnenhälften zusammen mit den restlichen Zutaten zufügen und zum Kochen bringen. Wenn der Sud sichtbar sprudelt, nach 1 Minute die Hitzezufuhr reduzieren und alles 10 Minuten bei schwacher Hitze köcheln lassen.

Zwei Zur Herstellung des Vanilleschaums die Vanilleschote mit einem Messer anschneiden und das Mark mit einem Messer in eine Schüssel schaben. Dann Zucker sowie Sahne und Sahnesteif zufügen und mit einem Mixer steif schlagen. Die Birnen auf Desserttellern anrichten und mit dem Sud übergießen. Die Sahne in einen Spritzbeutel füllen, die Blätter von den Minzezweigen zupfen, das Dessert nach Belieben garnieren und mit den Minzeblättern fertigstellen.

URALTE AZTEKENWÄHRUNG – VANILLE

Als Vanille bezeichnet man die fermentierten Schoten der Gewürzvanille, die zur Familie der Orchideen gehört und in Mexiko heimisch ist. Schon die Azteken kannten die Vanille und nutzten sie aufgrund ihres Wertes als Zahlungsmittel und später zur Veredelung von Kakaogetränken ihrer Könige. Mit den Spaniern gelangte die Pflanze nach Europa und wird heute intensiv auf Madagaskar, La Réunion und in Indonesien angebaut. Obwohl der Geschmacksträger der Vanille, das sogenannte Vanillin, seit über 125 Jahren künstlich hergestellt wird, ist die Nachfrage nach echter Vanille ungebrochen. Die Bourbonvanille hat ihren Namen von der Insel La Réunion, die früher La Bourbon hieß. Der amerikanische Bourbon Whisky verdankt seinen Namen aber nicht der Bourbonvanille, sondern seinem Herkunftsort, dem Bourbon County, das im US-Bundesstaat Kentucky liegt.
Ich benutze in meinem Haushalt nur frische Vanille, weil sie einfach »echter« und aromatischer schmeckt.

GRANATAPFEL-KOKOS-MILCHREIS

MIT KIWI-TATAR

Ein asiatischer Milchreis zum Verlieben ...!
Eat it – love it!

FÜR 2 PERSONEN

ZUTATEN

- 200 ml Kokosmilch
- 300 ml Vollmilch (alternativ: Reismilch)
- 130 g 10-Minuten-Milchreis
- 2–3 EL brauner Zucker
- 1 Granatapfel
- ½ Kiwi

ZUBEREITUNG

Eins Zuerst Kokosmilch, Vollmilch und Milchreis in einen Topf geben und einmal aufkochen lassen. Nach dem Aufkochen den Reis bei mittlerer Hitze etwa 5 Minuten unter Rühren köcheln lassen. Abschließend den Herd ausschalten, dann 2–3 EL Zucker zufügen, nochmals Rühren und den Reis ausquellen lassen.

Zwei Währenddessen den Granatapfel wie eine Orange halbieren. Eine große Schüssel mit kaltem Wasser befüllen und die Granatapfelhälften vorsichtig unter Wasser auseinanderbrechen. Die Kerne sinken zu Boden, die Membranen zwischen den Kernen steigen nach oben und können am Ende einfach abgegossen werden. Zum Schluss die Granatapfelkerne durch ein Sieb geben und auf Küchenpapier abtrocknen.

Drei Die halbe Kiwi schälen und zuerst in feine Scheiben, dann in feine Würfel schneiden. Den fertigen Reis in Schalen füllen und mit Granatapfelkernen und Kiwiwürfeln dekorieren.

GRABBEIGABE DER PHARAONEN – GRANATAPFEL

Der Granatapfel ist die Frucht des Granatapfelbaumes, der zur Gruppe der Weiderichgewächse gehört und im gesamten Nahen Osten sowie in den Steppengürteln des westlichen und mittleren Asiens heimisch ist. Schon die alten Ägypter wussten um die Bedeutung des Granatapfels und gaben ihn ihren Pharaonen mit ins Grab. Heute wird der Granatapfel auf der ganzen Welt kultiviert und genutzt. So wird aus dem Saft der Kerne die Grenadine gewonnen, die in jeder Cocktailbar der Welt als farbgebendes Süßungsmittel für Cocktails ihren Einsatz findet.
Ich verwende Granatapfelkerne gerne im Dessert oder genieße ihn einfach pur zum Frühstück.

GEBACKENES BLÄTTERTEIG-MANGO-KÜCHLEIN

MIT PISTAZIEN

Ein verlockendes, fernöstliches Ofendessert für Eilige.

FÜR 2 PERSONEN

ZUTATEN

- 1 reife Mango
- 200 g ausgerollter Blätterteig (Kühlregal)
- 75 g Crème fraîche
- 1 Eiweiß
- 2 EL brauner Zucker
- ½ TL Speisestärke
- 1 EL Kokosraspel
- 2 TL gehackte Pistazien

ZUBEREITUNG

Eins Zuerst den Ofen auf 200 °C vorheizen. Die Mango schälen, das Fruchtfleisch vom Kern lösen und in feine Scheiben schneiden. Den Blätterteig ausrollen, zu Kreisen à etwa 100 g ausstechen und in gebutterte Formen geben. Wenn ihr keine Formen zur Hand habt, schneidet den Teig einfach in zwei gleich große Quadrate.

Zwei Die Crème fraîche mit Eiweiß, Zucker und Speisestärke in einer Schale vermischen und auf den Blätterteig streichen. Dann die Mangoscheiben auflegen, mit Kokosraspeln bestreuen und 15 Minuten in den Backofen schieben. Danach die Küchlein mit gehackten Pistazien bestreuen und heiß verzehren. Wer möchte, kann dazu gern etwas Sahne reichen.

TIPP

Sollte noch Mango übrig bleiben, könnt ihr den Rest für einen Obstsalat oder einen Lassi verwenden.

GÖTTERSPEISE DES DSCHUNGELS – MANGO

Die Mango ist die Frucht des immergrünen Mangobaumes, dessen ursprüngliche Heimat der Dschungel Südostasiens ist. Die Mango hat eine ovale Form, eine dünne Schale sowie einen großen Stein im Inneren der Frucht. Mangos können bis zu zwei Kilogramm schwer werden und kommen heute aus allen tropischen Ländern der Erde. Das aromatische Fruchtfleisch der Mango ist je nach Reifegrad fest, faserig oder weich und gelb in der Farbe. Meine Oma pflückte die Mangos direkt von den Mango-Bäumen, die neben unseren Reisfeldern standen. Sie schmeckten herrlich süß und sehr aromatisch. Als Kind trug sie mir auf, regelmäßig Mangos zu essen, da sie ihrer Meinung nach mein Blut reinigten und gut für meine Konzentration seien. Außerdem erzählte sie mir, dass die Menschen in Indien die Mango so schätzten, dass sie sie sogar ihren Göttern opferten. Ich kaufe meine Mangos im Supermarkt und lege sie oft zur Nachreifung auf die Fensterbank in der Küche.

DILL

Dill gehört zur Gruppe der Doldenblütler. Im Alten Ägypten ließen sich Pharaonen das Kraut bevorzugt als Beigabe mit ins Grab legen. Auf den ältesten erhaltenen Papyrus-Schriften beschrieben ihn Ärzte schon 1750 v. Chr. als wundersame Heil- und Gewürzpflanze. Mit den Römern gelangte er nach Mitteleuropa, wo er sich rasch verbreitete. Ich verwende Dill gern zur Verfeinerung von Marinaden, Quarkspeisen, Salatsaucen und Fischgerichten.

PETERSILIE

Petersilie gehört zur Gruppe der Doldenblütler und kommt ursprünglich aus dem Mittelmeerraum. Im antiken Griechenland erhielten Sieger nach Sportwettkämpfen Haarkränze aus Petersilie. Im Mittelalter fand die Pflanze Beachtung als Heilkraut in Klöstern und gelangte danach in europäische Küchen. Mir gefällt der milde Geschmack der glatten Petersilie und sie macht als Garnitur optisch mehr Krach als die gewöhnliche Krause Petersilie.

SÜSSSAURER MANGO-CHILI-DIP

MIT SAFRAN

Der Dip ist süß, sauer, fruchtig und scharf. Er ist somit ein echter Allrounder. Ihr könnt ihn zu Frühlingsrollen, Summer Rolls, veganem Sushi, Meeresfrüchten, Nachos, Chips und Crackern genießen.

VEGAN

FÜR 2 PERSONEN

ZUTATEN

- 1 reife Mango
- ½ rote Chilischote, entstielt, entkernt und gehackt
- 1 TL Kokosessig (alternativ: Weißweinessig)
- Saft von ½ Limette
- 1 Msp. Safranfäden
- 1 Prise Meersalz
- 1 Prise Zucker

ZUBEREITUNG

Zur Herstellung des Dips die Mango schälen und das Fleisch mit einem Messer vom Kern schneiden. Das Fruchtfleisch mit den restlichen Zutaten in einen Standmixer geben, pürieren und nach Belieben abschmecken.

Pesto
Cashew
Mango

FEURIGES SESAMPESTO

MIT THAI-BASILIKUM UND MINZE

Dieses Pesto ist schick zu veganen Gemüsegerichten und Pasta. Mein Geheimtipp: Brotaufstrich!

VEGAN

FÜR 2 PERSONEN

ZUTATEN

- ½ Bund Minze
- ½ Bund Thai-Basilikum
- 50 g Cashewkerne
- ½ rote Zwiebel
- 1 Knoblauchzehe
- ½ rote Chilischote
- Saft von ½ Limette
- 2–3 EL Sesamöl
- 1 Prise Meersalz
- 1 Prise frisch gemahlener Pfeffer

ZUBEREITUNG

Minze und Thai-Basilikum unter kaltem Wasser abspülen, von den groben Stielen befreien, fein hacken und in eine Schüssel geben. Die Cashewkerne ebenfalls grob hacken und zu den Kräutern geben. Die rote Zwiebel sowie den Knoblauch schälen, fein hacken und zu den Kräutern geben. Dann die Chilischote in feine Würfel schneiden und mit Limettensaft und Sesamöl zufügen. Zum Schluss alles mit einem Mixstab sehr kurz pürieren und mit Salz und Pfeffer abschmecken. **Wichtig:** Niemals zu lange pürieren, da sonst Bitterstoffe freigesetzt werden. Wer einen Mörser besitzt, sollte die Pesto-Zutaten klassisch einmal anmörsern. Das Pesto bis zum Servieren ziehen lassen.

STARK DURCH MENTHOL – PFEFFERMINZE

Die Pfefferminze ist eine krautige Gewürz- und Heilpflanze aus der Gattung der Minzen, die bis zu 90 cm hoch werden kann und sich in allen kühlgemäßigten Ländern der Erde heimisch fühlt. Der einzigartige Geschmack der Minze wird durch den hohen Gehalt an Menthol hervorgerufen.

Ich nutze frische Minze gern für Tee, zum Dekorieren und zum Verfeinern von Süßspeisen, Lassis und Smoothies. Neuerdings verwende ich frische Minze als Zugabe zu scharfen Chutneys – einfach köstlich!

LEICHTER CASHEW-MANDEL-DIP

MIT CURRY

Der ostasiatische Curry-Dip passt wunderbar zu Chicken Wings, Schnitzel, Frühlingsrollen, Naturreisgerichten, asiatischen Gemüsepfannen und zum Barbecue im Sommer.

VEGAN

FÜR 2 PERSONEN

ZUTATEN

- 150 g Cashewkerne
- 60 g Mandeln
- 150 ml Sojamilch (alternativ: andere Pflanzenmilch)
- Saft von ½ Limette
- 2 EL Olivenöl
- 1 TL Sojasauce
- 1–2 Tropfen Tabasco
- 1 TL Currypulver
- ½ TL Chilipulver
- 1 EL Korianderblätter, gehackt
- Meersalz
- frisch gemahlener Pfeffer

ZUBEREITUNG

Zuerst die Cashewkerne in einen Standmixer geben und pürieren. Dann die restlichen Zutaten zufügen, mit Salz und Pfeffer nach Belieben abschmecken und nochmals alles gut durchmixen. Den Dip vor dem Genuss etwas durchziehen lassen.

KERNE DES CASHEWAPFELS – CASHEWKERNE

Cashewkerne finden sich in den Äpfeln des Cashewbaumes, der zur Familie der Sumachgewächse gehört und in den tropischen Wäldern Brasiliens heimisch ist. Mit den Portugiesen gelangte der Baum in die Länder des asiatischen Tropengürtels. Bei der Produktion der Cashewkerne werden die reifen Cashewäpfel geerntet und die Kerne vom Fruchtfleisch getrennt. Da die Schale von Cashewkernen giftig ist, wird diese durch Rösten oder Dämpfen entfernt.
Als ich noch ein kleiner Junge war, erlaubte mir meine Oma den Genuss von Cashewkernen nicht und meinte, sie seien nur etwas für Erwachsene. Heute bin ich endlich groß und darf sie essen. Wurde aber auch Zeit!

TANDOORI-MARINADE

MIT FRISCHEN LIMETTENBLÄTTERN

Die Limettenblätter zaubern die Zitrusfrische in die zu marinierenden Produkte. Das Tandooripulver sorgt für die rubinrote Farbe und eine unverwechselbare Gewürznote.

VEGAN

FÜR 2 PERSONEN

ZUTATEN

- 400 ml Wasser
- 2 EL Tandooripulver
- 1 EL Kaffirlimettenblattpulver
- 10 Limettenblätter
- Saft von 1 Limette
- 1 TL Sesamöl
- ½ TL gekörnte Gemüsebrühe
- ½ TL brauner Zucker

ZUBEREITUNG

Passt zum Garen von: Geflügel, Fisch, Seitan, Tofu

Alle Zutaten in ein geeignetes Gefäß geben und das Mariniergut einlegen. Bitte darauf achten, dass alles gut bedeckt ist und bei Bedarf etwas Weißwein, trockenen Sherry oder Reiswein zur Marinade geben. Anschließend alles abgedeckt für einen halben Tag im Kühlschrank durchziehen lassen. Idealerweise zwischendurch alles gründlich durchmischen. Nach dem Marinieren in einen Topf geben und bei mittlerer Hitze durchgaren.

Limen Minze.
Tandoo
Orangen.

ORANGEN-CURRY-MARINADE

MIT KNOBLAUCH

In dieser Marinade könnt ihr Fleisch, Geflügel, Seitan, Gemüsespieße oder Tofu einlegen. Alle eingelegten Produkte erhalten nach wenigen Stunden einen fruchtig-würzigen Geschmack.

VEGAN

FÜR 2 PERSONEN

FÜR DIE MARINADE

- 4 EL Olivenöl
- 1 EL Sesamöl
- 1 EL Kokosessig (alternativ: Weinessig)
- 1 EL brauner Zucker
- 2 Knoblauchzehen, geschält und zerdrückt
- ½ TL Currypulver
- 3 Lorbeerblätter

ZUM AUFLEGEN

- 1 kleine rote Zwiebel, geschält
- 1 kleine Bio-Orange, gewaschen
- 1 Bio-Limette, gewaschen

ZUBEREITUNG

Zuerst alle Zutaten für die Marinade in einer Schale verrühren. Danach die zu marinierenden Produkte zugeben und 15 Minuten ziehen lassen. Dann die Zwiebel würfeln und beiseitestellen. Die Zitrusfrüchte mit Schale in schmale Spalten schneiden und zusammen mit den Zwiebelstücken auf dem Mariniergut verteilen, sodass es gut bedeckt ist. Während des Mariniervorgangs alles mehrmals gut durchmischen.

ECHTER ZITRUSMIX – LIMETTEN

Limetten sind die Früchte des immergrünen Limettenbaumes, der zur Familie der Zitruspflanzen gehört und durch Kreuzung verschiedener Zitrusgewächse vor 1000 Jahren in Nordindien erstmalig gezüchtet wurde. Die Limette breitete sich durch die Seefahrer auch in der Karibik sehr schnell aus, was im letzten Jahrhundert dazu führte, dass sie in vielen Cocktailrezepturen auftaucht.
Als Kind erhielt ich oft vor dem Mittagessen eine Dschungel-Limonade aus frisch gepresstem Limettensaft, braunem Zucker und Brunnenwasser von meiner Oma. Sie meinte, Limetten würden die Appetitgeister wecken und den Körper vor Hitze schützen. Noch heute mache ich mir an heißen Sommertagen ein Fresh-Lime-Soda aus frischem Limettensaft, braunem Zucker und Mineralwasser mit Kohlensäure. Diese Ur-Limo schmeckt köstlich und sticht herkömmliche Limonaden aus dem Supermarkt locker aus.

LIMETTEN-MINZE-MARINADE

MIT INGWER

Mit dieser Marinade bringt ihr Schärfe, Zitrusnoten und die Palette der Asia-Aromen in die Produkte. So könnt ihr Rind, Lamm, Fisch und Räuchertofu einige Stunden einlegen und danach kochen, braten grillen oder backen.

VEGAN

FÜR 2 PERSONEN

ZUTATEN

- ½ Bund Minze, fein gehackt
- 1 EL Bio-Limettenabrieb
- 1 Knoblauchzehe, in Streifen geschnitten
- 2–3 EL Reiswein, trockener Sherry oder Weißwein
- Saft von 2 Limetten
- 5–10 g Ingwer, in Streifen geschnitten
- 100 ml Sesamöl
- 1 rote Chilischote, halbiert
- 1 Prise Meersalz
- 1 Prise frisch gemahlener Pfeffer
- 1 Prise Zucker

ZUBEREITUNG

Zuerst die Zutaten in ein geeignetes Gefäß füllen und dann das Mariniergut dazugeben. Alles gut abdecken und einige Stunden im Kühlschrank ziehen lassen. Zwischendurch gut mischen.

»GEH DAHIN, WO DER PFEFFER WÄCHST…!« – SCHWARZER PFEFFER

Im 17. Jahrhundert bedienten sich die Menschen dieser Redewendung, um unangenehme Zeitgenossen auf höfliche Art zu bitten, das Weite zu suchen. Früher wurde schwarzer Pfeffer ausschließlich aus Indien bezogen und gelangte auf dem Seeweg nach Europa. Heute wird schwarzer Pfeffer in vielen Ländern Südostasiens angebaut.
Meine Oma zupfte ihren Pfeffer stets frisch von großen Kletterpflanzen, die an den Tropenbäumen hinter dem Haus emporwuchsen. Die zunächst kleinen, grünen Körner trocknete sie so lange in der Sonne, bis diese schwarz und runzlig waren. Danach füllte meine Großmutter den Pfeffer in einen Tontopf in ihrer Küche und zerkleinerte die Körner direkt vor der Zugabe zu Gerichten in einem Mörser.

KALMUNAI-PFEFFER-MIX

AUS 6 PFEFFERSORTEN

Der Pfeffer passt zu Fleisch-, Geflügel- und Fischgerichten. Seit Neuestem gebe ich die pfiffige Pfeffermischung auch zu Kräuterbutter oder mische eine Pfefferbutter.

FÜR 2 PERSONEN

ZUTATEN

- 1 EL frischer grüner Pfeffer
- 1 EL schwarzer Pfeffer
- ½ EL Kubebenpfeffer
- 3 Stück Langer Pfeffer
- ½ EL Szechuanpfeffer
- 1 EL Rosa Pfefferbeeren

ZUBEREITUNG

Alle Zutaten in einer Pfanne ohne Fett anrösten, bis Duft aufsteigt. Das Ganze etwas abkühlen lassen. Dann die Mischung mit einem Mörser streufähig mahlen und das Gericht damit würzen.

Pepper
Five Spice
Jungle

EXOTISCHES DSCHUNGEL-CURRY

WÜRZIG UND AROMATISCH

Diese Currymischung passt zu vielen asiatischen Wok-, Fleisch-, Fisch- und Gemüsegerichten. Ihr könnt es auch für Currys eurer Wahl nutzen und sogar zur Currywurst genießen.

FÜR 2 PERSONEN

WÜRZMISCHUNG 1

- 1 EL Koriandersamen
- ½ EL Kreuzkümmelsamen
- ½ EL schwarze Pfefferkörner
- ½ EL Bockshornkleesamen

WÜRZMISCHUNG 2

- ½ TL Kurkuma, gemahlen
- ¼ TL Kardamom, gemahlen
- ½ TL Ingwer, gemahlen
- 1 TL Nelken, gemahlen

ZUBEREITUNG

Zuerst die Würzmischung 1 in einer Pfanne ohne Fett anrösten, bis Duft aufsteigt. Dann etwas abkühlen lassen. Die Mischung mit einem Mörser streufähig mahlen und abschließend mit der Würzmischung 2 vermischen. Das frische Currypulver sofort zum Gericht geben.

Übrigens Das Currypulver ist eine südindische Gewürzpulvermischung, die aus bis zu 13 verschiedenen Gewürzen bestehen kann. Als Basisgewürze gelten die Pulver von Koriander, Kreuzkümmel, schwarzem Pfeffer, Bockshornklee sowie Kurkuma, das für die typische gelbe Farbgebung sorgt. Je nach Geschmack und Gericht können auch Pulver von Ingwer, Kardamom, Zimt, Muskat, Knoblauch, Teufelsdreck, Senfsaat, Fenchel oder Nelken zugegeben werden. Um das Currypulver »scharf« zu machen, wird gerne Chili oder Cayennepfeffer ergänzt.

SALIYA'S FÜNF-GEWÜRZE

MIT STERNANIS UND ZIMT

Der typische »Asia-Style« lässt sich mit diesem Gewürz bequem in jedes Gericht hineinstreuen.

FÜR 2 PERSONEN

ZUTATEN

- 1 EL ganze Nelken
- 1 EL schwarze Pfefferkörner
- 1 EL Fenchelsamen
- 2 Stück Sternanis
- 1 Stange Zimt

ZUBEREITUNG

Die Zutaten in einer Pfanne ohne Fett anrösten, bis Duft aufsteigt. Nach dem Abkühlen alle Zutaten im Mörser streufähig mahlen und sofort zum Gericht geben.

Übrigens Wenn ihr einen milderen Geschmack mögt, könnt ihr die Gewürze auch unzerkleinert in ein kleines Leinensäckchen geben und zusammen mit dem Gargut köcheln lassen.

REZEPTVERZEICHNIS

ÜBER DEN AUTOR

Saliya Kahawatte (46) ist erfolgreicher Business-Coach und Motivationstrainer. Im gesamten deutschsprachigen Raum ist er zudem als Keynote Speaker tätig und hat mit seiner Lebensgeschichte schon viele Menschen emotional berührt. Mit 15 Jahren verliert er über Nacht 90 Prozent seines Sehvermögens. Nach dem Abitur absolviert er eine Ausbildung zum Hotelfachmann und macht Karriere in der Hotellerie und Gastronomie. Jahrelang verschweigt er dabei seine Behinderung.
Der Wahl-Hamburger ist praktizierender Buddhist und leidenschaftlicher Ayurveda-Koch. Seine besondere Art des Kochens erlernte Saliya einst von seiner Großmutter im Hochland von Sri Lanka. Saliya bezeichnet seine Küche als urbanes Ayurveda-Experiment.

DANKE!

An meine liebe Dschungeloma, an Monka, Heiko, Kathi, Basti sowie an mein Saliya-Team, insbesondere an Martha, Moni, Jens, Ehsan, Stephan und Peter sowie an das Buch-Team rund um Meike Stüber, Adam Koor, Jochen Stüber, Markus Krause, Mandy Ullmann und Yolander James.

Danke euch allen

für den Glauben, die Liebe, die Hoffnung, die Freundschaft, das Vertrauen, die Zuversicht, das Verständnis, die Geduld, die Unterstützung, die Beratung, die Begleitung, die Kritik, die Diskussionen, den Fleiß, das Engagement, die Inspiration, die Zusammenarbeit, den Optimismus, die Kreativität und das Glück.

Impressum

Bibliografische Information der Deutschen Nationalbibliothek
Die Deutsche Nationalbibliothek verzeichnet diese Publikation in der Deutschen Nationalbibliografie; detaillierte bibliografische Daten sind im Internet über http://dnb.d-nb.de abrufbar.

BLV Buchverlag GmbH & Co. KG
80636 München

Bildnachweis: Fotograf: Jochen Stüber
Styling/Produktion: Meike Stüber; Foodstyling: Adam Koor
Foto Seite 9: Fotolia/de_nise
Grafiken: Fotolia/redkoala

Umschlagkonzeption und -gestaltung: BLV-Verlag
Umschlagfotos:
Vorderseite: Severin Schweiger, München; Rückseite: Jochen Stüber

Lektorat: Stella Rahn, Julia Bauer, Redaktionsbüro Küchenzeile
Herstellung: Ruth Bost
Layoutkonzept Innenteil und Satz: griesbeckdesign, München

Gedruckt auf chlorfrei gebleichtem Papier

Printed in Italy
ISBN 978-3-8354-1363-4

ER IST FAST BLIND, ABER NIEMAND DARF ES MERKEN

Die Diagnose trifft Saliya wie ein Schlag aus dem Nichts: Netzhautablösung. Bald wird er blind sein. Mit gerade mal 15 Jahren. Die Ärzte raten dem ehrgeizigen Jungen, die Schule zu verlassen und in eine Blindenwerkstatt zu gehen. Aber das kommt für Saliya nicht infrage! Er beschließt, seine Behinderung zu verschweigen. Eine echte Herausforderung – doch Fingerspitzen, Ohren, Intuition und ein paar enge Vertraute ersetzen seine Augen. Über Jahre hinweg macht Saliya in der Welt der Sehenden steil Karriere, bis seine Fassade zu bröckeln beginnt ...

»Akzeptiere die Eigenschaften an dir, die du nicht ändern kannst – nur dann wirst du über dich hinauswachsen«, sagt Saliya Kahawatte heute.